最澄と天台教団

木内堯央

講談社学術文庫

はじめに

日本における天台宗のあゆみをたどると、その周辺におよぼした影響の多彩さに、おどろかされる。

基本的な、仏教教理思想としては、宗祖最澄以来、代々の宗人が、つねに他とするどく対決して、つかみとってきた、一乗の思想がある。すべて生きとし生けるものに、成仏を約束した、この天台法華教学の精髄たるべき一乗思想がなかったなら、鎌倉仏教の、ひろく貴賤上下の垣をとりはらって、専修の一法をもって、仏教の究極の目標に参入するなどという方途は、まったく成り立つはずのものではない。

それぞれの時代の一般社会の思潮に、思想、文芸、芸術のあらゆる場面に、今日なお生きつづけている基礎的な部分に、われわれは、日本の天台宗の影響をとりだすことができる。西欧のそれとは、おのずからはたらきが異なるけれども、天台宗は、いわば日本の国教であると、いうべきであろう。

いまこれから、この小冊子のなかで、この巨大な天台宗の宗祖である最澄の営為と、千数百年におよぶ、その後のあゆみを概観してみようとしている。どうしても、文を追い、文字を追って、同時に異なった次元のできごとを、ならべ語ることのできない、文章という表現形式がはがゆくてしかたがない。

はたして、天台宗の栄光と、恩沢と、暴虐と、失意と、蘇生とが、拙ない筆力で描ききれたか、不安でならない。ねがわくば、結縁の読者諸氏のためには、この書が、ひとつの足がかりであれたらと思う。

本書執筆を嘱された、笠原一男博士のご鴻恩に謝し、制作にあたって、わがままな筆者を鼓舞激励された、出版部長尾上進勇氏、そして、芝盛雄氏、小川悦子氏に、お礼申しあげる次第である。

また、本書の刊行にあたっては、浜名徳有師および一隅を照らす運動本部、比叡山延暦寺等のお世話になった。厚く感謝の意を表します。

昭和五十三年六月三十日

木内堯央

目次

最澄と天台教団

総論

最澄とその時代

律令下の仏教

伝教大師最澄《でんぎょうだいしさいちょう》（七六六―八二二）を慕って、広智《こうち》にともなわれて、下野《しもつけ》の国から、はるばる近江《おうみ》の比叡山《ひえいざん》に登った円仁《えんにん》が、はじめて最澄にまみえたときである。円仁は、かつて夢にみた高僧のおもかげと、眼前に微笑《ほほえ》んでいる最澄のそれとが、あまりにもそっくりなことに、思わず息をのんでいた。

この劇的な対面を語る、『慈覚大師伝《じかくだいしでん》』によると、円仁の夢にあらわれた高僧は、「顔の色は素白《まっしろ》にして、長《た》け六、七尺」であったという。円仁と出会った最澄は、この大同三年（八〇八）に、齢四十三歳におよんでいたはずである。この色白で、ぬきんでて背の高い風貌《ふうぼう》は、延暦《えんりゃく》四年（七八五）四月、東大寺戒壇院《かいだんいん》で具足戒《ぐそくかい》を受け、比丘《びく》になったばかりのころは、前途洋々の希望に燃えるかがやく眼光をともなって、凛々《りり》しい美丈夫《びじょうぶ》の青年僧であったことであろう。

うなじに、ひときわ目立つ黒子《ほくろ》がある、この最澄が、この日に、厳重な二百五十条ほどの戒律を受得して、一人前の比丘となるまでには、当時所定の修学修行の課程を経ているはずである。

正倉院にのこる古文書のなかに、「優婆塞貢進解《うばそくこうしんげ》」とよばれる一群のものがある。天平《てんぴょう》四年（七三二）の智首《ちしゅ》というひとのものから、数十通が現存しているが、この優婆塞貢進解というものは、全国から、僧侶になろうとする人材を推挙した、いわば人物調査書である。どのような経典《きょうてん》を暗誦できるか、どのような陀羅尼《だらに》が唱えられるか、一般の思想教養にどのくらい通じているか、そのいちいちが書きあげられ、基本的な仏道入門のための素地素養が、この解文《げもん》において一覧できる。

かくて、僧侶志願者は、あたかも、兵役を志願して国家に奉仕するもののごとくに、家を棄て、所司《しょし》に願い出て、師僧を定められて、見習い修行を経て、得度《とくど》にあずかるのであった。

得度して沙弥《しゃみ》となり、たとえば三年ほどの習学ののちに、東海道足柄坂以東のものは、下野国の薬師寺、中央は東大寺、西海道は筑紫《つくし》国観世音寺の戒壇に参じて、具足戒を授かり、のち、諸国に順次派遣されて、国を護り、庶民を利益させる、仏事にたずさわることになっていた。僧侶は、宗教的に訓練され、装備された、「国を衛《まも》る良将」として、国家公務員として、律令体制のなかに役割りをにない、位置づけられていたのである。

ほかならぬ、最澄そのひとも、この律令制度下に、仏教の役割りを充分承知して、一人の僧侶となっていったのである。そして、その生涯をみわたすとき、最澄ほど、律令制度のなかで、充分に機能する仏教のありかた、僧侶のありかたを、追究してやまなかったひとはない、とすらいえるのである。

菩薩誕生

最澄に関しては、出家から受戒にいたるまで、三通の文書が現存する。

第一に、宝亀《ほうき》十一年（七八〇）十一月十日付の「国府牒《こくふちょう》」がある。これは、近江国府から、近江国師所すなわち近江国分寺に与えられた文書で、最澄を得度させるようにという命令書である。

第二は、延暦《えんりゃく》二年（七八三）正月二十日付の「度牒《どちょう》」である。これによれば、宝亀十一年十一月十二日に、最澄は、近江国分寺で得度して、沙弥となったことを知ることができる。

第三は、「戒牒《かいちょう》」である。延暦四年（七八五）四月六日付のこの文書は、たぶん、この日に東大寺の戒壇院において、最澄が、具足戒を受けて比丘となったことを証することができるものである。

これら三通は、いずれも、洛北《らくほく》大原の来迎院《らいごういん》に伝えられていて、元亀《げんき》二年（一五七一）九月の、信長による比叡山焼き打ちに際して、比叡山の北峯である横川《よかわ》をかためた秀吉の目こぼしによって、山下に難を免れ出たものの一部であると、いい伝えられている。

　律令制度のなかで、ひとりの人物が、どのように一人前の僧侶になっていくのかを、もっとも具体的に語っている、この三通の文書は、その意味で貴重なものである。それと同時に、最澄そのひとが、律令制度のもとにおいて生まれた、典型的な官僧であることも、明瞭に語っているわけである。

　この最澄が、「戒牒」に記す、東大寺における受戒をしたその年に、突如として比叡山に入ってしまうことになる。従来、最澄が入山直後に著わした、『願文《がんもん》』を手がかりにして、その入山の動機を推し量ろうとしている。

たとえば、世間、人生の無常を感じて、捨世隠遁《しゃせいいんとん》して、比叡山へ登ったという。しかし、直後に、数人の同志が最澄とともに山にいたようでもあるし、伝記にはことさらに、当時の僧侶の義務であった、『法華《ほけ》経』『金光明《こんこうみょう》経』といった護国の経典を読誦して、倦《う》むところがなかったように書かれている。どうも一概に、消極的な逃避行として、最澄が比叡山をめざしたのではないらしい。

　まして、当時の仏教にあいそをつかして、これと袂別《べいべつ》すべく比叡山に隠れたとする理由づけにいたっては、前後の情況から、むしろ誤りとしかいいようがない。最澄は、幾年かの山中における修行ののちに、天皇のそばちかくに仕えて、その健康安泰を祈念する、内供奉《ないぐぶ》の職に、なんらの抵抗もなく就いてしまっている。それどころか、のちに、奈良諸宗諸大寺の有数の学僧を、わざわざ比叡山上に招いて、諸宗の『法華経』解釈を講演してもらっているし、比叡山上の中心をなす、いわゆる中堂の落慶供養《らっけいくよう》には、当時の仏教界の高位の僧たちが、法会を営んでくれたという後世の記録すらある。

もうひとつ注意すべきことは、『日本紀略《にほんきりやく》』巻一四の弘仁十一年（八二〇）十一月二十二日の条に、最澄が比叡山に入った延暦四年のいつかかに、近江国分寺が焼亡してしまったことがでている。はたして、最澄の入山の前か後か、決するすべはないが、もしこれが最澄入山以前の事件であったとしたら、どういうことになるのであろう。

延暦寺　根本中堂

とにかく、最澄の比叡山入山の動機について知るには、『願文』をもっと虚心に読んでみなければならない。『願文』の中心は、人身の得難く、移ろいやすいことを直視して、この貴重な人生のうちに、善因善果悪因悪果の道理にめざめて、積極的に善業に励み、しかも、みずから、未来のはてまで、最上の善業である仏道修行を相続し、しかもその結果の善果は、先ず他にまわしてあげようという大慈悲心に生きるという誓いにある。それは、大乗仏教において強調される、菩薩《ぼさつ》の生きかたそのものである。国家の給付に浴して、安逸を貪《むさぼ》っている僧侶の現状をかなぐりすてて、『沙弥《しゃみ》十戒威儀経疏《じっかいいぎきょうしょ》』を通じて知った『天台小止観』や、あるいは、『梵網菩薩戒経《ぼんもうぼさつかいきょう》』に指示する、菩薩行《ぼさつぎょう》そのものに、みずからを投げこもうというのが、『願文』によって知ることのできる、最澄の選んだ新しい生きかたであり、その場として、比叡山が選ばれたのであった。

平安仏教の担い手

最澄の活躍の時期は、たしかに、桓武《かんむ》天皇による、平安時代と呼ばれる新しい時代の経営がはじまったときに合致している。しかし、後世いわれるように、最澄が比叡山をめざしたのは、なにも、平安京の鬼門にあたる、王城鎮護の要点と目して行われたわけではない。ちなみに、最澄が比叡山に入った延暦四年には、桓武天皇はようやく、新しい都城を、いまの京都の西南にあたる長岡に準備しはじめたところであった。そして、最澄が比叡山に籠《こも》って修行に励んでいる間に、十年ほど都であった長岡から、山城《やましろ》の平安京に遷都されることになったのである。

しかし、最澄が内供奉となったのは、延暦十六年（七九七）のことであったというから、このときにはすでに、平安京に都は遷《うつ》されている。いわば、最澄が、一躍脚光を浴びることになるのは、したがって、平安京となってからのことである、ということができる。

内供奉というのは、中国は唐の皇帝の内道場に供奉する僧にならって、日本でも光仁《こうにん》天皇のころからはじめられたものらしい。『続日本紀《しょくにほんぎ》』巻三二、宝亀三年（七七二）三月六日の条に「あるいは持戒、称するに足り、あるいは、看病、声を著すものを、詔して供養にあて、ならびに、その身を終えしむ。当時称して十禅師となす。その後、欠くることあれば、清行のものを撰《えら》んで、これを補す」とあり、持戒堅固、療病に効験あらたかな高僧が任じられたものであった。最澄の場合も、『願文』に感銘した内供奉の寿興《じゅこう》あたりの引きで、欠員のあったこの職に就いたのであろう。そして、ここに桓武天皇を中心とする貴顕と知己を得るようになったのである。

前に記した比叡山上の中堂落慶供養に、天皇の行幸を得たという、後世の伝承はともかくとして、いまをときめく和気《わけ》氏の弘世《ひろよ》、真綱《まつな》の兄弟との親交は、最澄の生きかたに、決定的な影響を与えることになる。和気氏の兄弟は、みずからの氏寺《うじでら》である、洛西の高雄山寺に講演会を催し、当時未公開の天台大師智顗《ちぎ》（五三八―五九七）の教学について、天下の学僧の解釈を発表させたのである。ときあたかも、天皇はこの講演会をたたえ、専心して天台教学の研究につとめていた最澄を称揚する機縁となったのであった。

ここで、和気氏の兄弟は、この天台の講演会について、最澄を中心的な役割りにつけ、やがては、日本へ、嫡々《ちゃくちゃく》と智顗以来の法脈を正伝すべき人物として、最澄を天皇に推薦するところとなるのである。最澄が、日本に天台の法系を相承するという任務を担って、入唐《にっとう》せんとして天皇に上表した文が、『叡山大師伝』に残っている。内容はとにかくとして、その形式が実に、かつて唐の玄奘《げんじょう》三蔵が太宗皇帝に上表して、経の序と題とを請うた文を手本としているのである。これらを要すれば、最澄は、太宗皇帝に対する玄奘のごとくに、桓武天皇に対するみずからの立場を位置づけていたことが知られよう。すなわち、天皇に対して、仏教の一角を担って、責任をもって建議していく、立場と使命感とが、このとき以来、最澄のなかに醸成されたということができよう。新しい平安時代の仏教の担い手は、こうして生まれ出たのであった。

天台宗の展開

機能する仏教

最澄による、仏教のとらえかたをみてみると、仏教を、われわれの生活の次元で、実質的に働く、機能するべきものとみていると結論できよう。

仏教のめざすところの、仏、すなわち、完全にたかめられた人間になる、成仏《じょうぶつ》するということを、われわれ人間のめざすべき目標として、実体あるものとして、最澄はとらえている。そして、その目的にむかって、われわれは、さとりを求めるもの、菩薩でなければならないとする。現代の感覚や、仏教を外から眺める立場にあるものにとっては、仏はもちろん、菩薩というものを、観念的にしかとらえきれない。ともすると、観世音《かんぜおん》菩薩とか地蔵《じぞう》菩薩とか、われわれ人間からはるかに隔《へだ》った聖者としか考えない。

最澄の言行をさぐってみると、これまでの仏教では、かつてインドで、ゴータマ＝ブッダに随従した声聞《しょうもん》たちの行儀が、そのまま仏教者のあるべき姿であったものを、天台法華宗においては、菩薩こそが仏教者のあるべき姿であるとするのである。僧団の上座とみなすものに、従来は、賓頭盧《びんずる》尊者をあてていたのを、文殊《もんじゅ》菩薩と改めたり、受戒にあたっては、これまで現前の三師七証という、僧団の先輩から戒を授けられたものを、直接、仏から戒を授かり、文殊、弥勒《みろく》の二菩薩が、いちいちの戒条を教えてくれることにしたのであった。あまたの菩薩たちは、みな受戒者の「同学等侶」とされるのである。

比叡山の教団の僧たちは、他とちがって、「菩薩沙弥」「菩薩比丘」と称したのである。しかしながら、これらのことがらから、最澄は、みずからの天台法華宗の教団を、従来の諸宗にくらべて、強《し》いて高い位置におこうとしたとか、天台法華宗は、それゆえに、他にすぐれ、ひとり尊いというようなことを結論すべきではない。

重い病には、より強力な薬剤が必要である。最澄が『願文』において、みずからを「愚が中の極愚、狂が中の極狂、塵禿《じんとく》の有情《うじょう》、底下の最澄」と、最大級の形容を並べておとしめているが、たとえばそれは自虐《じぎゃく》的な立言ではなくして、みずからをもっとも低くとらえて、その段階にふさわしい、修行の計画をたてるという、こころにくい配慮にもとづいているのである。

そのことは、実は、国家のために、もっとも機能できる仏教という観点から、すべてのものに成仏を約束する、一乗仏教を探求して、これをわが国に確立したことにも、あい通じるところである。

「正像《しょうぞう》ややすぎおわりて、末法《まっぽう》はなはだ近きにあり、法華一乗の機、いままさにこのときなり」という『守護国界章』巻上之下のことばは、最澄の一乗仏教建立の趣旨を、的確に表現している、といってよい。釈迦はすでになく、未来の仏である弥勒の世はいまだしである。釈迦の教えは形式的にとらえられて、やがて亡びゆく運命にある。いまこのときこそ、強力に成仏という仏教本来の目標を約束してくれる、『法華経』に即した仏教者のありかたこそが、ふさわしい。聖徳太子の創唱したという、わが国は大乗相応《だいじょうそうおう》の国であるといういいかたを掲げて、みずからにも、当時の時勢においても、ぎりぎりの危機感をバネとして、真実の仏教者たろうとし、現実に仏国土を実現しようとしたのが、この最澄であったわけである。

日本仏教の母胎

ものごとの創始者と、その後継者とでは、おのずから、問題のとらえかたに差がでてくる。ことに、日本における天台法華宗の祖師《そし》である最澄が、五十七歳にしてその生涯を卒《お》え、しかも、これまでの制度を脱して、比叡山上に独自に得度、受戒を経営しようという構想を、未完のままにして遺《のこ》したとなると、これを受け継ぐものたちには、いわば、宿題が課されたかっこうになる。

最澄の定めた、十二年の山修山学の制度から生まれた円仁もまた、最澄の遺志を肩に負って、十年にものぼる入唐求法《ぐほう》の旅をつづけた。

わが国に、未曾有の大乗戒壇を建立《こんりゅう》して、一向に一乗、大乗仏教の菩薩僧を養成しようとした最澄の企図は、比叡山の教団の統率者が、すなわち、大乗戒の伝戒伝法者という、教権の中心になるべきことを約束して、ときには、その地位が、彼此のグループによって争われることともなった。

法華一乗の教義を基調として、機能する仏教教団として発足した天台宗のなかで、ひとつには、一乗思想を具体化するてだてとして、密教が、念仏が、さらには、禅が、唱題が称揚されることともなり、もうひとつには、それらの実践方法の蓋然性が、法華一乗の教義のうえに論じられる、教学の展開を招来することともなった。

密教は、具体的な修法の方法にかかわる事相のうえで、平安仏教の一方の雄である、空海にはじまる真言宗との均衡を保ちつつ、時代の要求する現世利益《げんぜりやく》の実現のために、師資あいつぎ、門流林立し、十三流と称せられるまでに枝葉を繁らせることともなった。そして、天台宗が基盤とする、中国の智顗《ちぎ》の教学のうえに、密教のもつ仏のイメージや、世界観や、修行論を加えることとなって、日本天台独自の法華円教と密教の一致を説く、天台密教、台密《たいみつ》の教理論が、円仁や、円珍《えんちん》（八一四―八九一）や、安然《あんねん》（八四一？―八九〇ころ）によって確立されていったのである。

念仏の法門は、円仁によって、中国は五台山に伝わる行儀が伝えられ、比叡山上の常行堂を中心とする、不断念仏といったかたちで、やがて、山下各地に流行をみるにいたる。「朝題目、夕念仏」とのちにいわれるように、念仏の行儀は、一日の終り、ひとの臨終に、さらに阿弥陀仏《あみだぶつ》の誓願を憑《たの》んで、成仏《じようぶつ》のチャンスを来世に見出そうという意識のもとに、やがて、穢《けが》れた世界、末法の世の救いの道として位置づけられてくる。なかでも、源信《げんしん》（九四二―一〇一七）による『往生要集《おうじようようしゆう》』の撰述と、二十五三昧会《ざんまいえ》の経営は、末法の時機観の普及に乗じて、爆発的な浄土教の盛行をもたらすことになっていったのである。いわゆる、来たるべき鎌倉仏教諸宗の派生を可能にする、かずかずの要素が、こうしたなかで次第につくりあげられていたのである。

中国の智顗にはじまる天台教学をとりいれた日本の天台宗で、もっとも重点がおかれたのは、冷厳な分析的な教理哲学ではなくして、現実の当相そのままが、理法の発現であるという、諸法実相の観点にたった、各個人の主体的実践的な理法の把握であった。ここから、のちに詳述する、本覚という考えかたや、観心主義という奔放な思想が花ひらいて、古代末から中世にかけて、実践的な一方法をもって、諸宗派が生まれていく基盤ともなっていったのである。

歴史とのかかわり

天台宗をきめつけて、よく、貴族仏教などともいう。これまでのべたような、いわゆる鎌倉時代に生まれた諸宗派を、民衆仏教と称する場合に、ことさら対置される、一面では貶称《へんしょう》でさえある。

最澄の生涯のありかたをみてもいえるように、その出発は、国家仏教であり、いいかえれば、支配者の側に立ったはたらきをなすべく、天台宗ははじめられたのである。

国教にひとしい立場をとった天台宗が、それぞれの時代に、国権にいちばん強く関与していた階層と親しい関係になることは、むしろ当然のことである。

摂関期とよばれる、平安時代後半の、藤原氏全盛の時代にあって、ひとつには、円仁や円珍によって拡充された密教をもって、鎮護国家の秘法を組織し、真言宗と競って、国家的行事としたばかりでなく、深く、藤原氏をはじめとする、貴族階層の、日常的な要求に応じて、病気をなおし、安産を祈り、反逆者を調伏《ちょうぶく》するなど、祈禱《きとう》に力をかたむけたこともある。

ないし、絢爛《けんらん》目をおおうばかりの、極楽浄土そのままの阿弥陀堂を建て、後世もまた果報の豊かならんことを求めた貴紳《きしん》に、よき善知識としてこれを指導したこともある。かくて、藤原氏等の貴族にとっては、比叡山門の顕職すらも、世間の高位とあい並んで、一門の威勢を誇るポストとまで、みられるようになったのである。

一方、全国的に寄せられてくる寺領等の経済力は、比叡山教団の強大化と、世間的勢力の拡大に役立った。同時に想い起こされるのは、僧兵のことである。時を定めて山門に僧兵を畜《たくわ》えたわけではないが、律令制度の乱れに応じ、課役をのがれて私に得度するもの、世を食いつめたもの、こうしたものが食客となり、法衣をまとい、かつ権益の攻防に際して兵仗《へいじょう》を畜え、あるいは分立していった、円珍門徒の園城寺《おんじょうじ》と戦い、比叡山三塔おのおので争い、さらには、政府の裁量を不服として、嗷訴《ごうそ》におよぶ等、横紙《よこがみ》破りの行状は、時として嫌悪《けんお》され、時としてひとびとの畏怖《いふ》をまねくなど、アウトロウの立場をほしいままにした。

山門は、かくて、政争の渦中に往々まきこまれねばならなかった。南北朝並立については、南朝にくみし、あるいは一度は比叡山の座主について還俗《げんぞく》した足利義教の弾圧をうけ、応仁の乱には東軍に味方し、その後、前将軍義稙《よしたね》の失地回復に加担して、山上にある堂舎を焼くことともなった。ことに、元亀二年（一五七一）、浅井、朝倉両氏と、織田信長との戦いに際して、信長に反した比叡山は、九月十二日、信長の奇襲をうけ、全山ことごとくを焼亡し、数千人の僧俗が命を奪われて、壊滅的な打撃を被ったのである。

たとえば、キリスト教の日本における布教の許可すら与えるほどであった、日本の仏教ないし宗教の中心であった比叡山は、開宗以来の、国教的な役割りを、ここに終息するのであった。

秀吉の努力と、徳川氏の庇護《ひご》によって、比叡山は復興する。家康の信任を得た天海《てんかい》は、失われた堂塔伽藍《がらん》のみならず、昔日《せきじつ》の宗教的権威の復興にも意を用い、散佚《さんいつ》の典籍を蒐集《しゅうしゅう》し、一切経等を開板し、教学の復興に力を尽したのであった。江戸時代の三百年、ことに江戸上野の東叡山《とうえいざん》を中心に、天台宗の教権は確立される。ようやく、教学復興にともない、あるいは幕府の介入をうけるような、安楽律を唱える革新派と、復古派との争いすらまねくことにもなったが、明治維新の神仏分離にいたるまで、幕府の統制下に、その内容を肥やしてきたのであった。

明治以降、諸宗とあい並んで、一切の権力の保護から脱して、天台宗は歩みはじめた。ことに、太平洋戦争の敗戦後の、日本国憲法のもとにあっては、主権在民という、天台宗の構造にかかわる政体の変革のもとに、どこに最澄以来の宗旨を発揚し、存在意義を明らかにすべきか、大きな転機に立たされたのである。

1　最澄の出家

最澄の生まれ

漢人の子孫

天台宗では、宗祖《しゅうそ》である最澄の行実を讃《たた》えた、『伝教大師和讃《でんぎょうだいしわさん》』を、六月四日の命日にあたる「山家会《さんげえ》」で、よく唱える。この『和讃』の冒頭に、家系に言及して、

その祖を委《くわ》しく尋《たず》ぬるに
大漢四百の末のころ
卯金刀《ぼうきんとう》の姓氏なる
登萬王《とうばんおう》とぞ申しける

と、いっている。これまた、最澄の没後、四、五年のうちには成立したであろうという『叡山大師伝』によれば、冒頭に、

大師、諱《いみな》は最澄。俗姓は三津首《みつのおびと》、滋賀の人なり。先祖は後漢の孝献帝《こうけんてい》の苗裔《びょうえい》、登萬貴王《とうばんきおう》なり。

と書き出している。『和讃』の「卯金刀」とは、漢の王室の劉氏《りゅうし》の「劉」の字を分解して示したものにほかならない。すなわち漢の王室の血統をひくのが、最澄の父なる、三津首《みつのおびと》浄足《きよあし》であった、というのである。

伝教大師坐像　滋賀県　観音寺蔵
重要文化財

この一族が、応神天皇の時代に、日本に帰化したという。『新撰姓氏録《しんせんしょうじろく》』は、弘仁六年（八一五）に編纂されているが、いわゆる京畿《けいき》といわれる、京都と畿内、すなわち、山城、摂津、河内、和泉、大和の地域にかぎられた記述ではある。しかし、その「諸蕃《しょばん》」と標題する、蕃別《ばんべつ》の項には、いわゆる外来の帰化人が一覧される。そのなかで、後漢の孝献帝（献帝）の後裔と称するものは、当宗忌寸《まさむねのいみき》、台《うてなの》忌寸《いみき》、志賀忌寸《しがのいみき》、台直《うてなのあたい》、広原忌寸《ひろはらのいみき》、志《し》賀穴大村主《がのあのおのむらぬし》、などがあり、さらに、孝献帝の父の霊帝《れいてい》の後裔と名のるものにいたっては、二十氏ほどが数えられる。

これらの名称から知られるように、漢人《あやひと》の多くが、漢の王室の苗裔《びょうえい》であるととなえ、しかも、志賀忌寸や志賀穴大村主とみえるように、近江の地に、はやくから漢人たちが住みついていたことが知られるのである。

最澄の父については、「総論」で紹介した、最澄の得度受戒に関する文書のなかに、「滋賀郡古市郷戸主正八位下三津首浄足」と記されている。まず、その住所が、近江国（滋賀県）の滋賀郡にある古市郷に属していたことが知られる。古市は、『大日本地名辞書』では、いまの粟津《あわづ》を指していると考証している。また、戸令では百戸ないし千戸をもって郡と呼ぶことにもなっているから、おおよそ琵琶湖の南端に近いあたりが、一族の居住地であったことが知られる。

首《おびと》という姓をもち、正八位下という官位にあるが、当時の小国では、副知事級の、比較的中心的な立場にあったのが、最澄の父であった。

生誕の年次

最澄の父親について、『叡山大師伝』あたりからは、百枝《ももえ》と記されることになる。しかし、十九世紀になってから、慈本《じほん》によって編まれた『天台霞標《てんだいかひょう》』では、浄足の音をとって巨枝と書いていたものを、百枝と誤まったものであろうとしている。いまは、この説によって、「国府牒」などに記される、浄足と百枝とは同一人であることに賛同したい。

最澄の母については、十世紀に成立した『伝教大師由緒《ゆいしょ》』では、従五位中務少輔鷲取朝臣《わしとりあそん》の娘で藤子といったとする。あるいは、『青蓮院門跡系譜《しょうれんいんもんぜきけいふ》』（続群書類従四下）には、応神天皇の九世の孫といい、『天台座主記』では、そのあたりを誤って、応神天皇の第九女という記述をしている。いずれにしても、確実性の少ない後世のいい伝えで、そのいずれにも信はおきがたい。ちなみに、鷲取は、藤原北家、房前《ふささき》の子の魚名《うおな》の子であり、藤子の兄は正雄であったという。そして、最澄を懐妊した藤子は、妙徳と名のったと、『由緒』には伝えている。

この両親には、それまで、子供ができず、ついに二人は、比叡山にいたり、その左脚に位置する神宮に祈請《きしょう》をこらし、数日にして、山神の感応があって、最澄をみごもったとされる（伝）。やがて、月満ちて、最澄の生誕をみるわけであるが、実は、最澄の生年については、一考を要するのである。

『叡山大師伝』に、その没した弘仁十三年（八二二）において、五十六歳であったという。逆算すれば、神護景雲《じんごけいうん》元年（七六七）の生まれということになる。ところで問題は、前に紹介した、「国府牒」「度牒」「戒牒」の記事である。宝亀十一年（七八〇）に十五歳、延暦二年（七八三）に十八歳、延暦四年（七八五）に二十歳と、それぞれ記すのであるから、これを逆算すれば、天平神護《てんぴょうじんご》二年（七六六）の生誕とすることができる。

戸籍も確立し、得度、受戒等が、国家の監督下でおこなわれていた時代の、公的な文書によるべきか、最澄没後間もなくできたとはいえ、その原本の伝わらない『叡山大師伝』によるべきか、そこにすでに、答えは明瞭であるはずである。

これまで、『叡山大師伝』の説が重用されて、ために、年齢の一年増加をめぐって、最澄の才をかっての加賜《かし》説、班田給付の特典をめぐっての詐称《さしょう》説等、そのつじつまをあわせるために、多くの苦労がされてきている。さきの『天台霞標』における慈本の考察以来、その決着がまたれていたが、近年、嗣永芳照氏、福井康順博士らによって、天平神護二年生誕説がようやくかえりみられるようになってきた。

本書では、最澄の生誕を、天平神護二年として、すべてを考えていくつもりである。

幼少年時代

伝説には記さないが、「国府牒」等によって、最澄は幼名を広野《ひろの》といったことが知られる。この広野が、偉人の例にもれず、幼いときから、非凡の才器をあらわしていたことが、伝記のなかで、数々のエピソードとなって語られている。

誕生の祝賀の宴での、料理やできごとを、長じてから少しもたがわず語ったことからはじまり、父母は、あまりの無類さを、ひたかくしにしていたという。

最澄の育った村には、すでに、小学という初等教育機関があったようで、ここに学んだ最澄は、抜群の成績をあげて、ついに、先生から、教師にならないかと、嘱望されるほどであった。伝記によれば、こうして、「粗《ほ》ぼ、陰陽《おんよう》・医方・工巧等を練《おさ》む」とされる。ここに列ねる、陰陽とか医方とか工巧等が、小学におけるポピュラーな教授科目であったかどうかは、うかがい知れない。ただ、漢人の子孫、すなわち、帰化人の一族のなかで、その伝承している特殊な技術等を、幼いころから教えこみ、最澄は、みごとにこれをマスターしきった、ということであるかもしれない。

伝記には、こうした小学に通っている七歳のころに、最澄はすでに「こころざし、仏道を宗《むね》とす」という状態であったと記している。これからの、最澄のゆくすえを考えると、その発心《ほっしん》の早さに、因縁めいたものを感じないわけにはいかない。

ここで注目しなければならないのは、父の浄足の人格と、仏教を崇拝する日常のありかたとである。この父のひとがらは、つねに敬順であり、仁譲であったという。ために、里びとは、浄足を尊敬してやまなかったのである。しかも、「礼仏誦経、つねに業となし、私宅を寺となして、精勤修行」したというのである。おちついた、宗教的な敬虔《けいけん》さにあふれた家庭にあって、しかも、郷党に指導的立場にあろうとする両親の感化は、最澄の進路と生涯とを、確実に決定づけていたにちがいない。

国府牒の意味

宝亀十一年（七八〇）十一月十日の日付をもつ「国府牒」一紙は、近江国の大掾《だいじょう》である藤原俊房の名で、国府から国師所すなわち国分寺へ牒せられた文書である。

内容はこうである。国分寺僧の最寂《さいじゃく》が亡くなって、欠員ができたので、三津首広野にこれの仏教に関する素養があるから、得度させてやるように、というものである。かねてから、近江国から太政官に対して、広野は

読法華経壱部　　最勝王経壱部
薬師経壱巻　　金剛般若経壱巻
方広経開題　具唱礼　金蔵論我慢章壱巻
三宝論壱巻　　俗典二巻

といった、仏教内外の勉強をしているから、得度させてやるのに、恰好な人材であるといってきていた。かくて、このねがいは、太政官の許可するところとなり、太政官の意志は下

級の治部省にもたらされ、標記の時日にさらに近江国府にとどき、いまここに、国分寺へ送られてきたものであった。

前に示した、「優婆塞貢進解」は、この文書でいうところの前段階、すなわち、近江国より最澄を推薦してきた際に提出されているものであろう。右に引いた、最澄の仏教的な素養のかずかずは、そのいわゆる「優婆塞貢進解」に記載されてきたものをそのまま、「国府牒」に写しとったものにちがいない。

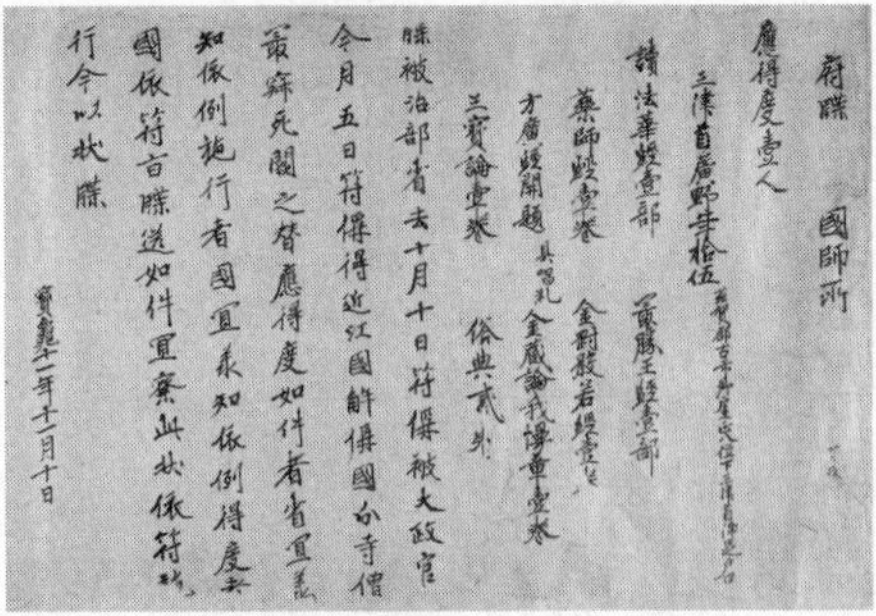
府牒　國師所
應得度壹人
三津首廣野年拾伍
讀法華經壹部　最勝王經壹部
藥師經壹卷　金剛般若經壹卷
方廣經開題　金藏論[illegible]壹卷
三寶論壹卷　俗典[illegible]
牒被治部省去十月十日符偁被太政官
今月五日符偁得近江國解偁國分寺僧
最寂死闕之替應得度如件者省宜承
知依例施行者國宜承知依例得度者
國依符旨牒送如件宜察此狀依符施
行今以狀牒
寶龜十一年十一月十日

国府牒　京都府　来迎院蔵

『法華経』『金光明最勝王経』は、『仁王般若経』とならべて、護国の三部経としてまとめられるものである。『続日本紀《しょくにほんぎ》』巻一一の、天平六年（七三四）十一月二十一日の条に、太政官の奏文が出るが、そこでは、「今より以後、道俗を論ぜず、挙するところの度人は、唯だ、法華経一部、あるいは、最勝王経一部を闇誦し、兼ねて礼仏を解し、浄行三年以上の者を取って得度せしめん」といっている。「優婆塞貢進解」に出る、他の仏教志願者の例をとっても、そうしたわけで、『法華経』『金光明最勝王経』を読めるとしているものは、他経に比べて大多数にのぼっている。最澄もまた、そうした制度と時代の要請に応じて、仏教の素養を積んでいたことが知られる。
「国府牒」の列《つら》ねる、最澄のマスターしていた経論のうち、『金蔵論』『三宝論』は、その正体がつかめない。「唱礼を具す」と注した「方広経開題」というのは、たぶん、『大通方広経』のことであろう。十方三世の諸仏に礼拝して、懺悔滅罪をはかるという経典である。さきの天平六年の太政官奏にいうところの、「礼仏」という条件を、最澄の場合は、これで満たしているのであろう。

くりかえしていうならば、最澄は、その時代に僧をめざして得度しようというものの、必修の素養を、ぬかりなく自分のものにしていたわけである。優婆塞として貢進されて以来、近江国分寺の寺中にあって、雑用をもって奉仕しつつ、太政官奏のいう浄行三年以上という経歴をはたすなど、最澄の場合こそ、典型的な当時の僧侶としての出発をしていたということができるであろう。

近江大国師行表

「国府牒」で示された、最澄の得度が果されたのは、「度牒」によれば、宝亀十一年（七八〇）十一月十二日のことであった。場所は近江国分寺、戒師は、ときの近江大国師であった、行表《ぎょうひょう》である。のちにのべるように、この行表との出会いが、最澄の僧侶としての使命感、進むべき方向を決定する、直接の原因となったのである。

この行表の伝記は、最澄が弘仁十年（八一九）に著わした、『内証《ないしょう》仏法《ぶっぽう》相承《そうじょう》血脈譜《けちみゃくふ》』の、いわゆる禅の相承、「達磨《だるま》大師《だいし》付法《ふほう》相承《そうじょう》血脈譜《けちみゃくふ》」のなかに載っている。しかも、この『血脈譜』の伝記が、現存の行表の伝記のなかで、一番古く、かつまとまったものといえるであろう。『血脈譜』の行表伝によると、出身は大和国葛上郡高宮郷で、父は大初位の上、檜前《ひのくま》調使案麿《やすまろ》、行表の幼名は百戸と記されている。天平十三年（七四一）十二月十四日の勅によって、七百七十三人の得度が国宮で行われたとき、この百戸は、大安寺の道璿《どうせん》について受戒し、沙弥となったという。たぶん、大安寺に住房を有する人師を列ねたものであろうが、「房主帳」なるものが、この伝のなかに引用されている。それによれば、行表は、延暦十三年（七九四）に亡くなって、そのとき、「年七十三、臘五十二」であったという。逆算すれば、行表の生年は、元正天皇の養老六年（七二二）ということになろう。天平十三年の得度は、したがって、行表がちょうど二十歳のときである。「房主帳」には、天平十五年（七四三）三月二十九日に、興福寺の北倉院において受戒をしたと記す。ちなみに、東大寺戒壇院ができあがったのは、唐から鑑真《がんじん》が渡来してのちの、天平勝宝七年（七五五）のことであったから、行表は、それ以前のきまりによって、受戒したことになる。

『血脈譜』によれば、行表は、終始かの道璿の薫陶をうけ、「達磨の心法を受け、仏性の法門を学」んだと記されている。のち比叡山のふもとにあった崇福寺《すうふくじ》の寺主となり、つづいて、近江大国師として、近江国分寺を統括したわけであるが、最澄はここで、行表に師事し、やがては、その一生の課題をも、示唆されることになるのである。

得度の実際

宝亀十一年(七八〇)十一月十二日、大国師行表を戒師にあおいで、広野は、近江の国分寺で得度をし、ひとりの沙弥となった。「国府牒」や「度牒」に示されるところによると、それは、最寂という名の近江国分寺の僧が亡くなったために、補う意味で得度が許されたのであった。最澄という名は、その最寂に由来することは、いうまでもない。

『続日本紀』巻三七の、延暦二年(七八三)四月二十八日の条に、興味ある決まりが出ている。要をとってこれを紹介すれば、かつて、天平十三年(七四一)二月の勅で、国分僧寺の定員を二十人と定めたところ、その後、欠員ができると、ろくろく人物をたしかめもせず、試験もせずに補充してしまっている。この傾向はよろしくないから、今後、補うべき人間の出来、不出来を試験するなりしてたしかめ、僧が死んだ場合は、そのもののかわりに補充するむねを官に申し出て、許可をまって欠員を補うように、という内容である。年次からいって、最澄の場合よりのちに位置する制令であるが、当時の官僧への道が、死欠を待つという比較的せばまれた機会にしか定められていなかったことや、その補充のしかたが、多くの場合便宜的で勝手におこなわれていたことにくらべて、最澄の場合は、すぐ後年の革正にも耐

東大寺戒壇院

えられる、厳格な指導と手続きのもとで、得度がなされたと、いえるであろう。

　得度に際しては、沙弥の十戒が授けられる。当時、そのよりどころとなったのは、唐の道《どう》宣《せん》の著わした、『四分律刪繁補欠行事鈔《しぶんりつさくはんほけつぎょうじしょう》』六巻、略して『四分律行事鈔』であった。得度式は授戒の阿闍梨《あじゃり》と、師僧である和尚を招き、まず、俗服のまま両親にわかれを告げ、法衣を著ける。ここで、和尚の訓誡を得て、戒師に髪を剃ってもらい、袈裟《けさ》を着ける。つづいて、仏と和尚と戒師と親族とに順に礼拝しておわる。

　沙弥十戒は、剃髪《ていはつ》に際して戒師より一条ずつ、三回くりかえして授けられ、「能《よ》く保《たも》つ」と答えていくのである。沙弥十戒は『沙弥《しゃみ》十戒法《じっかいほう》 幷《ならびに》 威儀《いぎ》』（沙弥十戒威儀経）にまとめられているが、つぎの十条である。

　一、殺生《せっしょう》せず。二、盗まず。三、婬《いん》せず。四、妄語《もうご》せず。五、飲酒せず。六、香華鬘を著けず、香を身に塗らず。七、歌舞倡妓せず、往って観聴せず。八、高広大床に坐せず。九、非時に食せず。十、生像金銀宝物を捉持せず。婬とは性交のこと。妄語とはいつわりをいうこと。香華鬘とは身を装う品々。歌舞倡妓とは歌舞音曲芸能の類。非時とは正午すぎのこと。生像とは、生と像、梵語の直訳の金と銀の意味である。

最澄の仏道修行

具足戒

沙弥となった最澄は、行表を依止師《えじし》とあおいで、つづいて、具足戒を受け、一人前の比丘、大僧となる日のために、修行をつづけることになる。のちに、貞観七年（八六五）三月に発せられた官符では、当時までに行われていた僧侶の修行の課程を記しているが、そこでは、「およそ得度者あらば、まず度縁を与え、つぎに入寺せしめ、年分度者は二ヵ年、臨時の度者は三ヵ年、沙弥の行を練らしめ、然る後に受戒を聴《ゆる》す。定年六十已下、廿五以上、法華・最勝・威儀の三部経を学び得たものを簡《えら》んで、さらに本寺に牒し、三七日のあいだ悔過を修せしめ、受戒せしめる」といっている。最澄の得度からでは、およそ八十五年ほども隔った時点での格文であるから、そのままをさかのぼって適用するのも乱暴であるけれども、得度ののちに、二年ないし三年の沙弥の行を修して、しかるのちに具足戒を受けるという順序は、大差ないものといえるであろう。たとい、「法華・最勝・威儀」の三部経を学ぶことに重点がおかれていたとしても、『法華経』と『金光明最勝王経』とは、先年来の必須の経、そして、「威儀」とは、上掲の『沙弥十戒威儀経』のことであろうから、最澄の修学の大部分が、未修得の『沙弥十戒威儀経』に重点をおくものだとしても、おかしくはない。現に、『沙弥十戒威儀経』の修学に力をいれていた形跡は、のちに意外なところで明らかになるのである。

天下の三戒壇ということばがある。天平勝宝七年（七五五）、東大寺の戒壇院が落成したことにつづいて、天平宝字五年（七六一）、下野《しもつけ》国の薬師寺《やくしじ》と筑紫《つくし》国の観世音寺《かんぜおんじ》にも戒壇が造建されて、いわゆる東海道足柄坂以東、東山道の信濃坂以東のものは薬師寺戒壇、西海道のものは観世音寺戒壇、それ以外中央のものは東大寺戒壇で具足戒を受けるきまりになったのである。

はるばる渡来した鑑真を伝戒師とあおいではじめられた戒儀は、以後、わが国の僧侶の必修の関門となり、やがては最澄によって、小乗戒であるときめつけられることにもなっていく。とにかく、最澄は、「戒牒」が語るように、延暦四年（七八五）四月六日、東大寺戒壇院にのぼって、比丘の二百五十戒を受け伝えることになったのである。

『東大寺要録』巻九雑事章に載せる、東大寺授戒方軌《じゅかいほうき》が、この戒壇院で行われていた授戒会のやりかたであるといわれる。それによると、威儀師《いぎし》、従儀師《じゅうぎし》、治部《じぶ》省玄蕃《げんば》寮等の役人、僧綱《そうごう》、法会諸役が位置につき、戒和上《かいわじょう》、羯磨師《かつまし》、教授師、そして七人の証師の計十師、いわゆる三師七証が入堂。省寮の役人によって、戸籍照合等の手続きを完了した受者は、十師を敬礼して迎え、ここで十三難、十遮にわたる、受戒の適格不適格を問遮《もんしゃ》される。社会的な罪過、出自、身分、肉体、人格にわたる検査である。かくてこれを通過すると、二百五十戒が授けられ、衣鉢《えはつ》が与えられる。大仏殿への礼拝、初夜の説戒等を受けて、受戒会は終るのである。こうして、沙弥、沙弥尼は、比丘、比丘尼となり、戒牒を与えられて、一人前の官僧ができあがることになる。

仏教教学

最澄もまた、東大寺で具足戒を受け、当時の官僧として、当然な第一歩を記したことになる。さきに引用した、貞観《じょうがん》七年三月の太政官符をみると、「受戒しおわったのち、戒壇院に安置し、教授師を差《つか》わして、夏月の間、比丘二百五十戒、三千の威儀を修学せしめ、国家を誓い護る。あるいは各々の本寺にあって、依止師を請じ、細かく律相を学び、同じく誓い護る」とつづけている。得度の場合もそうであったが、その主たる記述は、受戒ののちに、授かった戒の内容を、納得のいくまで研究させるというしくみになっているのである。

最澄のこの時点における仏教の素養というものをトータルしてみると、その大部分は、師主なる行表から教えられたところ、となるであろう。最澄は、上述のように、行表からの系譜を、『内証仏法相承血脈譜』のなかで、達磨の法系を伝えるものとしてのみ記している。行表はしかし、『叡山大師伝』によれば、最澄に対して、唯識章疏《ゆいしきしょうしょ》等を習学せしめたと記されている。あれこれの記述を整理して、行表の持っている仏教教学を規定する鍵は、その師である道璿《どうせん》にあるということができる。

道璿は、天平八年（七三六）、日本に戒律を伝えるべく、栄叡《ようえい》と普照《ふしょう》に請われて来朝したひとである。『延暦僧録』には、道璿は唐の許州の出身で、具足戒を受けたのちに、『華厳経』浄行品にもとづいて修行したという。また、最澄の『内証仏法相承血脈譜』が引く、吉備真備《きびのまきび》撰の道璿法や、円珍《えんちん》の『諸家教相同異集』をみると、禅の系譜は、達磨以来、慧可、僧璨、道信、弘忍、神秀、普寂とつづいてきたところを継承しているという。普寂はまた、唐荊州玉泉寺の弘景（恒景）からも受法していて、これはさかのぼれば、道素、章安を経て、天台大師智顗《ちぎ》に結びつく。また、晩年の道璿は、吉野の比蘇山寺にのがれて、『註梵網』三巻をも著わしている。かくて、道璿には、いわゆる北宗系の禅と、天台と、華厳と、梵網といった教学が畜えられていて、その影響下に行表があったわけである。それらの道璿における教学的要素のいくつかが、のちの最澄の宗骨を形成する要素と、ある共通項をもっていることも、あながち偶然のことではないであろう。

もうひとつ、行表が最澄に教えたという唯識章疏については、七世紀のおわりちかくに来日した道昭がもたらし、道璿の来朝と時を同じくして帰った、興福寺の玄昉《げんぼう》によっても将来された。唐代の仏教において、玄奘《げんじょう》の努力によって発展した、この唯識法相の教学は、こうしてこの時に、わが国の一世を風靡する仏教教学になっていたのである。

心を一乗に帰すべし

『内証仏法相承血脈譜』のなかで、最澄は、師である行表からの示唆《しさ》を、こう記している。

「最澄、生年十三にして大和上に投ず。すなわち、当国国分金光明寺の補欠に得度し、すなわち、和上に、心を一乗に帰すべきことを稟《う》く」、と。なにげなく、しかし、行表から最澄が稟承《りんしょう》したものを、一言にして集約した、重大な記述というべきであろう。

一乗とは、いうまでもなく、一仏乗の略である。対置することばには、三乗といったことばがある。仏教を大乗仏教、小乗仏教などと区分もする。乗とはまさしく、のりものであって、三乗とは、仏教の目標である成仏《じょうぶつ》、さとりの彼の岸に到るのに、三様ののりものがあるということ、声聞《しょうもん》乗、縁覚《えんがく》乗、菩薩乗の三をたてるいいかたである。一乗とは、さとりに到るに、遅速、巧拙、成不成等の区別があるはずはなく、仏陀の大慈悲心によって、すべて生きとし生けるものが、仏という一目標に、ともに到りうるという、ただ仏にいたるのりものひとつのみをたてる考えかたである。

「心を一乗に帰すべし」という行表の示唆は、仏教でいう「皆成仏」、みなともにさとりの境地をかちとることができるという一仏乗の仏教を、最澄が修学して、ひとびとにひろめてほしいという、大変な依嘱であったわけである。

律令制下の仏教が担っている使命は、国を護ることである。いいかえれば、全体主義的な中央集権的な政治体制に呼応して、すべてを体制内にくりこみ、すべてが理想を実現しうる教理が、ときの仏教に要請されるはずである、そのひとつのあらわれが、『華厳経』ないしは、その系統に属する『梵網菩薩戒経』にもとづくとされる、東大寺大仏の造顕であろう。万物の重々無尽の関係のなかで、仏陀がその身体とする理法は、森羅万象としてあらわれ出て、法として一体であり、法界と称せられるものであるという考えかたは、『金光明最勝王経』によって、具体的に国中を、仏の力によって護るという、国分寺の制度としてあらわれながら、東大寺盧舎那《るしゃな》仏《ぶつ》と諸国国分寺の丈六の仏とをつなぐ、根底となっていたはずである。それが、『華厳経』における一乗の思想である。くわしくは、平岡定海氏著『東大寺』を参照されたい。

行表は、得度ののちに、受戒の日をめざして修学する最澄に対して、ときはあらたまって桓武天皇の時代となり、奈良の都を離れてやがては新都に遷るかもしれない時代、あるいは長岡京が造営されようとしていた時代に、「心を一乗に帰すべし」と教示したのである。そして、最澄は、これからの生涯を通じて、この師の教示を、忠実なまでに実現しようとするのである。

2 最澄の比叡入山

入山の動機

比叡山
慈円《じえん》（一一五五—一二二五）は、建久三年（一一九二）に、第六十二世の天台座主を董《ただ》して以来、再三座主に重任されているが、その私家集である『拾玉集《しゆぎよくしゆう》』に、

世の中に山てふ山は多かれど山とはひえのみ山をぞいふ

という歌をのこしている。平安期の文学作品等の多くに、ただ「山」といえば、比叡山を指すほどの、この山は、最澄にはじまる天台宗の総本山として、歴史の上にその存在をしばしば記録することになる。

『古事記』には「大山咋神《おおやまくいのかみ》、また山末之大主神《やますえのおおぬしのかみ》と名づく。この神は、近淡海国《ちかつおうみのくに》の日枝山《ひえのやま》に坐す」と出てくる。『懐風藻《かいふうそう》』で、「藤《とう》江守の『裨叡山《ひえのやま》の先考が旧禅処の柳樹を詠む』の作に和

す」と題される麻田連《あさだのむらじ》陽春《やす》の詩とともに、最澄の入山以前から、神の山として知られ、父の藤原武智麻呂《むちまろ》の旧跡をしのんで、子の仲麻呂がここにたたずんだことなどが、いまに伝えられている。

そのもっとも高峰の四明嶽山頂で、八三八・八メートル。中心となる伽藍の展開する東塔《とうどう》のあたりで六五〇メートルていど。この山を、深いとみるか、けわしいとみるか、はともかくとして、最澄は、延暦四年（七八五）の東大寺における受戒ののち、三ヵ月ほどした七月のころには、この比叡山に入ってしまうのである。

つづいてくわしく考察をすすめてみようと思うが、当時の制度のもとで、狭い機会に恵まれながら、近江国分寺寺主の行表の指導で、順調に一人前の大僧（比丘）となった最澄が、なぜ気まぐれであるかのように、官寺を捨てて人跡まれな山中に隠れてしまったのであろう。あるいは、どうして、そうした一人前の官僧が、山に棲《す》むことを許されたのであろうか。古来、最澄の行実をさぐろうとするものが、いつでも遭遇する第一の疑点であった。

その入山の動機を詮索しようとするときに、たくみにこれに答えてくれるのは『叡山大師伝』の記述である。いわく、

延暦四年をもって、世間の無常にして栄衰の限り有るを観じ、正法の陵遅《りょうち》し、蒼生《そうしょう》の沈淪《ちんりん》せることを慨《なげ》き、心を弘誓に遊ばしめ、身を山林に遁《のがれ》んとして、その年の七月中旬、憒閙《かいにょう》

の処を出離し、寂静の地を尋ね求め、直ちに叡岳に登って草庵を卜《ぼく》し居す。

というのである。世間は無常である、ひとびとは苦海に沈み、正しい法は弘まらない。こうした現状認識をあげて、最澄は、遁世をしたかにいうのである。

入山の理由

結論をさきにいうと、最澄の比叡山入山は、決して消極的、逃避的理由でなされたものではない。

ましてや、のちに最澄が、従来の諸宗を中心とする僧綱の羈絆《きはん》を脱《のが》れて、それらを小乗であると決めつけ、ひとり比叡山上に、純粋大乗の戒壇をうちたて、一向大乗の教団をつくりあげようとしたことに照らして、いわゆる、奈良仏教を批判して、受戒直後にそれと袂別したのだという、わりあいいいならわされた理由づけにいたっては、見当ちがいもはなはだしいと、いわなければならない。

そのいくつかの状況証拠のなかで、まずはじめに、「僧尼令」の規程を参照してみよう。『令義解《りようのぎげ》』巻二に、

およそ僧尼、禅行修道有りて、意に寂静を楽《ねが》い、俗に交わらず、山居を求めて服餌せんと

欲せば、三綱《さんごう》連署し、在京は僧綱、玄蕃を経、在外は、三綱国郡を経、実を勘《かんが》えて並び録して官に申せ。判じて山居の隷《つ》けるところの国郡に下せ。つねに山に在ることを知り、別に他処に向うことを得ざれ。

ときめられている。

静寂の地を求めて修行するときにすら、わざわざ届け出をして、許可を得なければならないのは、きつい統制であるともみられようが、いまは、届け出さえすれば、ひとり山に籠ることも可能であったことに、注意してみたい。

そして、これは、はるかのちの、弘仁十一年（八二〇）十一月二十二日のことを記す、『日本紀略』巻二四の記事であるが、

近江国の言く、国分僧寺、延暦四年火災にて焼け尽す。伏して望むらくは、定額の国昌寺をもって、就いて国分金光明寺となさんことを。

という文がある。

さらにもうひとつ、たびたび引いている『叡山大師伝』の、つぎの記述に注意したい。

ゆえに、檀林《だんりん》の條柯《じようか》は衆鳥の集るところにして、滄海の坎徳《かんとく》は諸湊背くことなし。あらゆる門徒、行を見て心を貴び、志を見て貴びを増し、寒熱をはばからず、飢饉を憂えず、ともに山林の深志を結び、みな利生の宏基《こうき》を慕えり。四恩のおんために、毎日、法華・金光明・般若等の大乗経を読誦して、一日も欠かず、懈怠あることなし。

少々引用が長かったが、比叡山上にあったのは、最澄ひとりではなかったことと、その行儀は、『法華経』等を読誦して、官僧の義務をはたしていたことが、知られるというものである。これらの文から推して、最澄が比叡山へ入ったことが、ことに常軌を逸したことでもなかったし、ことによると、止住していた近江国分寺が、焼けてしまったのかもしれないのである。

閑居静処

さきにみた『叡山大師伝』が行っている、最澄入山の理由づけは、最澄が比叡山に入って間もなく著わした『願文』の記述に負っているらしい。しかし、もしそうだとすると、伝記作者は『願文』を充分に読みこなしていないのではないかと、思えてならない。

最澄が比叡山入山をくわだてた前後の行動を整理してみると、まず、この延暦四年四月六日に、東大寺戒壇院で具足戒を受け、伝記ではつぎに、比叡山麓の神宮禅院で、懺悔の行を修したとする。『叡山大師伝』によれば、この神宮禅院における懺悔の行は、そのかみ、最澄の父母が、子供をもうけようと、比叡山の神に詣でて、懺悔の行を修し、所期の一七日《いちしちにち》を満ぜずして、四日目の夜のしらじらと明けるころに、懐妊の吉兆を体験したために残した、三日ほどの行と、報謝の意味の行とを、はたそうとするものであったという。

この補欠の懺悔修行は、もっと以前のことであるという考えかたもあるが、伝記の記述の順序にしたがえば、つづいて比叡山に入り、間もなくして『願文』をつくったということになる。

ここに一篇の書物がある。『天台小止観』という名で通っている。近年、関口真大博士が確定した定本をみると、つぎのような記述がある。まずその第一は「具縁」と名づけられる。さとりへの道は、止と観との二法にまとめられるとして、その止観を修する基礎的条件を示したのが、この章である。そのなかで、第一の条件は、持戒清浄ということであった。沙弥十戒を受け、具足戒を受けても、完全に順守しつづけることができるものと、大筋はたもっても、細かくは違犯してしまうものと、まったく戒をたもてないものとがある。戒をたもてず、罪を犯したものは、懺悔を行ず

日吉山王社古図　延暦寺蔵

れば、それが消えるという。そのための十の条件のなかには、因果の道理を知り、おそれを感じ、深く慚愧《ざんき》し、犯した罪を白状して、仏法を護ることを期し、すべての他のひとびとを救ってやろうという、大きな誓願をおこし、仏たちを念ずべきであるなどという。ほかに、大乗経典を読誦し、空閑のところにおいて心をおさめて坐るべきであるなどともいう。

ちなみに、第二の条件は、仏道修行に最低必要な衣食は用意すること、第三の条件は、静処に閑居すること。深山や人里はなれた仏堂に居すべしという。第四に世間の交際や仕事をはなれること、第五に、修行に益する交際をすること、である。

懺悔を修することといい、深山等の静処に閑居することといい、大誓願をおこすことといい、この『天台小止観』の示すところと、最澄のこの期の行実とに、符合することの多いことに、気がつくことであろう。関口博士の研究によれば、鑑真とともに来朝した法進に『沙《しゃ》弥《み》十戒《じっかい》幷《ならびに》威儀《いぎ》経疏《きょうしょ》』という著述があり、いまの智顗の説、浄弁の私記である『天台小止観』が、その大部分を引かれているという。『沙弥十戒幷威儀経疏』が、得度後の最澄に対して、たとえば、行表によって紹介されることがあれば、そして、最澄が、より謙虚にみずからをかえりみることがあれば、『天台小止観』が、具縁の第一に持戒清浄を勧め、そこに上中下の三種の根性の僧のありようを列ねているとすれば、最下根の破戒無慙のものに対して、小乗にはこれを救う手だてはないが、大乗には懺悔の方法があるという一段を、みのがすはずはない。そして、つぎに『願文』を検討してみることになるが、最澄が『天台小止観』に由来する初心の僧の修行のありかたを、まさに「教科書」どおりわが身に具体化しようとした努力のあとを、みいだすことができるのである。

『願文』の意味

願文作成　最澄は、比叡山に入ると間もなく『願文』を著わしている。術語も多く、故事を引き難解であろうが、とにかく全文を一読してみよう。

悠悠たる三界は、もっぱら苦にして安きことなく、擾々《じょうじょう》たる四生は、ただ患いて楽しからず。牟尼《むに》の日久しく隠れて、慈尊《じそん》の月いまだ照らさず。三災の危うきに近づき、五濁《ごじょく》の深きに没《しず》む。しかのみならず、風命保ち難く、露体消えやすし。草堂楽しみなしといえども、しかも老少白骨を散じ曝《さら》し、土室闇《くら》くせましといえども、しかも貴賤魂魄《こんぱく》を争い宿す。かれをみ、おのれをかえりみるに、この理必定《ひつじょう》せり。仙丸いまだ服さざれば、遊魂留め難し。命通いまだ得ざれば、死辰いつとか定めん。生けるとき善を作《な》さずんば、死するの日、獄の薪《たきぎ》とならん。

ここまでは、諸行無常、人生無常の、この現世の苦の相に対する認識である。

得難くして移りやすきは、それ人身なり。発し難くして忘れやすきは、これ善心なり。ここをもって、法皇牟尼は、大海の針、妙高の線《いと》をかりて、人身の得難きことを喩況《ゆきょう》す。古賢禹王は、一寸の陰《とき》、半寸の暇《いとま》を惜しみて、一生の空しく過ぐることを歎勧せり。因なくして果を得る、この処《ことわ》りあることなく、善なくして苦を免がる、この処りあることなし。

因果の理法の支配するところ、人間に生まれることのむずかしさをのべている。

伏しておのが行迹を尋ね思うに、無戒にして竊《ひそ》かに四事の労《いたわ》りを受け、愚痴《ぐち》にしてまた四生の怨《あだ》となる。このゆえに、未曾有因縁経にいわく、施すものは天に生まれ、受くるものは獄に入る、と。提韋女人《だいいにょにん》の四事の供は、末利《まり》夫人の福とあらわれ、貪著利養の五衆の果は、石女担轝《しゃくにょたんよ》の罪と顕わる。明らかなるかな善悪の因果、たれか有慙《うざん》の人か、この典《のり》を信ぜざらんや。しかればすなわち、苦の因を知りて、しかも苦の果を畏れざるを、釈尊は闡《せん》提《だい》と遮したまい、人身を得ていたずらに善業をなさざるを、聖教には空手と嘖《せ》めたまえり。

因果の道理、善因善果悪因悪果の道理を、あたまで理解するのではなく、切実な実感として、そのうえでみずからの行業を制御しなければならないということであろう。

ここにおいて、愚が中の極愚、狂が中の極狂、塵禿の有情、底下の最澄、上は諸仏に違《たが》い、中《なかごろ》は皇法に背き、下は孝礼を欠く。謹しんで、迷狂の心に随い、三二の願を発す。無所得をもって方便となし、無上第一義のために、金剛不壊不退の心願を発《おこ》さん。

最澄自身の『願文』を発する決意をあらわした一段であり、つづいて、具体的な誓願の各条に入っていく。

われいまだ六根相似の位を得ざるよりこのかた、出仮《しゆつけ》せじ。その一

いまだ理を照らすの心を得ざるよりこのかた、才芸あらじ。その二

いまだ浄戒を具足することを得ざるよりこのかた、檀主の法会に預《あずか》らじ。その三

いまだ般若の心を得ざるよりこのかた、世間人事の縁務に著せじ。相似の位を除く。その四

三際の中間に修するところの功徳《くどく》は、独り己が身に受けず。普ねく有識に回施《えせ》して、ことごとく無上菩提を得せしめん。その五

この五条が、いわば『願文』の主文である。そのいちいちについては、つぎに解説してみ

ようと思う。

伏して願わくば、解脱《げだつ》の味、独り飲まず、安楽の果、独り証せず。法界の衆生と同じく妙《みよう》覚《かく》に登り、法界の衆生と同じく、妙味を服せん。若しこの願力に依りて、六根相似の位に至り、若し五神通を得ん時は、かならず自度を取らず、正位を証せず、一切に著せざらん。

みずから救い、他を救う。みずから行じ、他を教化する。大乗菩薩のいきかたは、この自利利他の二利が円満しているべきである。のちに最澄みずからが「おのれを忘れて他を利するは慈悲の極なり」と『天台法華宗年分学生式《がくしょうしき》』でいうところと、まったく同趣旨の決意である。そして、最澄は、この『願文』を、つぎのように結ぶのである。

願わくは、かならず、今生の無作無縁の四弘誓願《しぐせいがん》に引導せられて、周《あま》ねく法界を旋《めぐ》り、遍《あま》ねく六道に入り、仏国土を浄め衆生を成就して、未来際を尽すまで、恒に仏事を作さん。

「尽未来際、恒作仏事」そのちかいの大きさに、おどろかされるのである。

菩薩の発願

『願文』を一瞥したときに、さきに引いた『天台小止観』の、持戒清浄の一段で、因果を知り、おそれを生じ、慚愧し、先罪を発露し、誓願をおこす等の順序で、どうしても戒を違犯してしまう下根の人間のなすべき懺悔のありかたを示している内容と、まさしく同致していることに、気がつかれたことであろう。

そして『願文』が、世間の無常、生あるもののはかなさを認識しながら、人間として生まれ出ることのできたチャンスの、いかに貴重なものであるかを強調していることに、これまた気がつかれたことであろう。

のちに、比叡山の横川にあって、浄土教を鼓吹した源信《げんしん》に、『念仏法語』という一文がある。いわく、「夫れ一切衆生、三悪道をのがれて人間に生まるること、大いなるよろこびなり」という。つづけて、身はいやしくとも畜生よりはすぐれ、家はまずしくとも、餓鬼よりはましなはずであるという。人間は、その志念のおもむくままに、みずから決心して、善業をも悪業をもなすことができる。その選択の自由を身にそなえているからこそ、この人間というチャンスにめぐまれたものにして、手をこまねいて、悪果を待つことはない。『願文』にも『横川法語』にも、その考えかたが流れている。

みずからを、行いすました修行僧とみせかけて、提韋という未亡人の帰依をうけた悪僧たちが、次の世に、布施の功徳で末利という富貴の夫人に生まれかわった提韋の、轝《こし》をかつぐ産まず女として生をうけてしまったという『未曾有因縁経』の故事をひいて、最澄は、官給を得て徒食する自分のゆく末を畏怖している。そして、『天台小止観』によれば、「ひとえに禅定福徳を修して智慧を学せざるは、これを名づけて愚といい、ひとえに智慧を学して禅定福徳を修せざるは、これを名づけて狂という」とある。最澄は、みずからを極愚、極狂とい い、塵禿、底下とおとしめている。かくして、五条の誓願を発するのである。

「六根相似の位」というのは、われわれの感官である、眼、耳、鼻、舌、身、意の六根が、仏のそれと相似になった位をいう。ひとは、この最澄の誓願における、この到達し難い前提に、辟易《へきえき》してしまう。「出仮」というのは、この現実の世界にはたらき出ることである。「世間人事の縁務」というのは、『天台小止観』によれば、生活の縁務と、交際往復などの人事の縁務と、技術、医術、まじない、うらない、読み書き、算数などの工巧技術の縁務と、読書、聴講等の学問の縁務とがあるという。

おしなべていえることは、この最澄の誓願は、みずからを、最低の線において、たとえば『天台小止観』の指示するところにしたがって、さとりの成就がより確実であるように考慮したうえで発せられている。みずからを過大に評価し、六根相似にいたる以前に出仮してしまったら、みずからを持戒堅固と錯覚して、懺悔の行を深めることがなかったら、うっかりすると、めざす境地をとり逃がしてしまうかもしれない。最澄の細心なまでのプログラムは、その端緒を、この『願文』にみることができるのである。

「解脱の味、独り飲まず」という。「未来際を尽すまで、恒に仏事を作さん」という。阿弥陀仏が法蔵菩薩であったときに発した、いわゆる四十八願のそれぞれが、「たとい、われ仏となるを得んとき、十方の衆生、……せずんば、正覚をとらじ」という形式をとっていること、すなわち、他のすべてが成仏を果しおわるまでは、みずから、正覚《さとり》の境地には到らないという趣旨は、いまの最澄の『願文』のいうところと、同軌である。すなわち、最澄は、あまたの大乗経典に出る菩薩たちそのままに、みずからも、一個の菩薩であろうとして、この『願文』を作ったのであった。

法華一乗の把握

出仮のとき

『願文』に、「われいまだ六根相似の位を得ざるよりこのかた、出仮《しゆつけ》せじ」とする第一条は、他の四条を集約した誓願であるといってよい。「六根相似の位」という段階は、仏の六根とわが六根とが相似になるほどの、修行の進んだ位である。この位は、智顗によれば、六即という位のたてかたのうちで第四段階にあたる。六即とは、理即《りそく》、名字即《みようじそく》、観行即《かんぎようそく》、相似《そうじ》即《そく》、分証即《ぶんしようそく》（分真即）、究竟即《くきようそく》の六で、この順にさとりに近づくことになる。さとりは、この宇宙世界を動かしている理法をさとりとることであるから、気がつくと気がつかぬとのちがいはあっても、迷蒙無知な段階にあっても、その理法のただなかにあることになる。理即からはじまって究竟即までの、おのおのの位に「即」とつけられるのも、そのような理由からである。

智顗の『摩訶止観』第六巻の下に、「入仮《につけ》」ということばがでてくるが、『願文』の「出仮」と同義である。『摩訶止観』によれば、六根が清浄となって、仏の六根と相似になった階位で、まず出仮が可能であるという。つづいて、観行即の位を、随喜品、読誦品、説法品、兼行六度、正行六度の五品《ごほん》にわけて、『法華経』にもとづく僧侶の修行課程をおさめつくすが、中根のものは、六根相似位になるのを待たなくても、ここで出仮ができるという。そして、より上根のものなら、初心の理即や名字即の位で、すでに出仮することができるという。下根、中根、上根の出仮についてのべているので、三根出仮とまとめていわれる。

くりかえすが、六根相似位における出仮は、下根のものの出仮なのである。ひとは、この『願文』をつくった最澄が、いつみずから出仮の決心をしたのかに注目している。たまたま伝記によれば、延暦四年（七八五）の比叡山入山以来、十二年ほどはまったく消息がなく、延暦十六年（七九七）十二月のころに、内供奉に任ぜられたことになっている。のちに、最澄が比叡山に学ぶ天台法華宗の学生に、十二年間の籠山修行を課すことになるが、この時期の最澄のみずからの体験が反映しているというみかたもある。

内供奉とは、唐代に皇帝の内道場に供奉する僧にならって、日本で略して内供奉、内供と呼んで、設けられたものであった。『続日本紀』巻三二、宝亀三年三月六日の条をみると、持戒堅固、治病に効験ある僧をこれに任じ、終身制で、十禅師と称してつねに定員十名であり、欠けることがあれば、清行のものをもって補充するとしている。

『叡山大師伝』をみると、最澄の『願文』を読んだ、内供奉の寿興《じゅこう》が、その内容に感じて交際を開いたというから、時いたって最澄は、そうした縁で内供奉十禅師に補されて、出仮の行業にはげむことになるのである。

天台法門との出会い

師の行表の、「心を一乗に帰すべし」という示教は、最澄の求める仏教のありかたを、方向づけることになった。『叡山大師伝』の記述によると、最澄は、「ここにおいて大師、得るにしたがって、起信論の疏、ならびに華厳の五教等を披覧するに、なお、天台を尚《とうと》んで、もって指南となす。この文を見るごとに、覚えず涙を下して慨然たれども、天台の教迹を披閲するに由なし」という、研究習学を重ねたありさまが、伝えられている。

「起信論の疏」とは、唐の法蔵撰『大乗起信論義記』五巻のことであるし、「華厳の五教」とは『華厳五教章』こと、やはり法蔵の『華厳一乗教義分斉章』四巻のことである。伝記は、この両書が、天台智顗の教学をおりにふれて紹介しては、その所論に寄っていることをみて、最澄は、智顗をはじめとする天台の法門を得たいものだと、涙するほど渇望したさまを伝えているわけである。

最澄はやがて、天台の法門に出会って、そこを通して『法華経』の一乗思想を理解し、これをもって宗旨とすることになるのであるが、いまの『大乗起信論義記』といい、『華厳一乗教義分斉章』といい、表面的なとらえかたかもしれないが、その標題の「大乗」「一乗」といった用語が、最澄にとって、それらを読破する機会をとらえた、ひとつの理由になっていたと推測できる。

『沙弥十戒幷威儀経疏』を通じて得た、『天台小止観』の語る方法を、忠実にわがものとした最澄の態度は、前節にくわしくのべたつもりである。こうした、純粋な求道の姿勢をもつ最澄にとって、師主である行表の示唆を忠実にうけとめるなら、経論章疏を渉猟《しょうりょう》していくうえで、つねに念頭に浮かべていた課題は、「一乗」であり、「大乗」であったにちがいない。

こうして、たとえば「起信論の疏」と「華厳の五教」とにより、法華一乗を鼓吹する智顗の教学の存在を知ったのである。唐との交流によって、彼の地の文物は、おどろくほどの敏速さでわが国に流入してきていたが、この天台の法門は、いまだこの国に根をおろしていなかったのである。

『叡山大師伝』では、天台法門との出会いを、つぎのようにのべている。

この時、天台の法文の所在を知れるひとに邂逅値遇し、これによって、円頓止観、法華玄義ならびに法華文句疏、四教義、維摩の疏等を写し取ることを得たり。これはこれ、故大唐鑑真和上の将来なり。

鑑真の来朝は、天平勝宝六年（七五四）のことである。所伝の法門道具は、『唐大和上東征伝』に記されるが『維摩経疏』の名は出ていない。しかしこれも、鑑真将来のものとみてもよいかもしれない。

『伝』の作者が、つづけて、天台法門を鑽仰するに、いよいよ堅く、いよいよ高いと讃し、もって「本仏の本懐、同じく三乗の門戸を開き、内証の内事、ひとしく一乗の宝車を付せり」と、この事件を高く評価するのも、無理からぬことである。のちに、天台宗の宗祖と仰がれるにいたる、最澄の天台法門との出会いが、ここになされたからである。

法華経の研究

最澄の仏道修行のやりかたをみていると、その周到さと合理性に、おどろかされる。

最澄は、比叡山上に一切経をそろえる計画を、まずはじめに立てた。「ここにおいて、弘《ぐ》法《ほう》の心を発し、利生の願を起す」と表現したのは、最澄の出仮のときを誌した、『叡山大師伝』のことばである。仏法をひろめ、生きとし生けるものに利益を与える、その基地を比叡山に定めるについて、第一に備えなければならないものは、出仮の行の指南となるべき、仏典にちがいない。

当時、唐でまとめられた経録で、わが国でもよく参照されたのは、智昇《ちしょう》の編集した『開元釈教録』二十巻である。そこでは、一切経ないし大蔵経と呼ばれる経典論疏は、一千七十六部、五千四十八巻にのぼる。

この厖大な一切経の書写に助力したのは、ともに比叡山にあった、経珍、叡勝、光仁、経豊らであった。そして最澄は、かれらの写す経典を、つぎつぎと読破し、理解していったという。もはや一切経は、単なる備品ではなかった。たぶん山下から取りよせたであろう原本の多くは、最澄もまだみたことがないものであったにちがいない。

この一切経書写にあたって、最澄は、かぎりある経済力、人力を克服するために、経蔵、妙証らを使者にたてて、奈良の諸大寺に趣意書をまわし、東大寺、興福寺、元興《がんごう》寺、大安寺、薬師寺、西大《さいだい》寺、法隆寺に止住する僧侶たちに、その一鉢から一匙《ひとさじ》の飯の寄進をうけ、写経生の給費にあてたいと、呼びかけたのであった。かえりみておもうとき、それだからこそ、最澄の比叡山入山は、従来の仏教を批判し、諸宗諸寺とのつながりを絶とうとしたものでは、決してないというのである。批判し、棄てた相手のところへ、臆面もなく寄附を請いにいけるわけはない。そして、それに応じてもらえるわけはない。

しかし、最澄のこのねがいは、大安寺の聞寂が、大安寺別院龍淵寺の僧衆をひきいて、これに全面的に応じてくれたのであった。そして、東国の化主とうたわれた道忠が、これまた最澄のこころざしを嘉《よ》みして、大小乗経律論二千余巻の書写を助けて、はるばると比叡山までこれを送ってくれたのである。ちなみに、道忠の弟子には、円澄がある、広智がある。広智は円仁《えんにん》の師である。

十方有縁の助力を得て、一切経は比叡山上に完備することができたのである。

つぎに最澄がくわだてたのは『法華経』の講演会であった。いわゆる、法華十講である。講師たちは、『妙法蓮華経』八巻と、開経の『無量義経』一巻、結経の『観普賢《ふげん》菩薩行法経』一巻の都合十巻を、ひとり一巻ずつ受け持って、その一巻の内容を主題として『法華経』一部を連講するのが十講である。

延暦十七年（七九八）十一月から毎年、比叡山上で法華十講をつづけてきた最澄は、ついに延暦二十年（八〇一）十一月を期して、各宗の大徳に呼びかけて、比叡山上にこの法華十講を行おうとしたのである。

叡山の最澄、十大徳の足下に稽首和南《けいしゆわなん》す。最澄、法華を伝えたてまつるの、深心の大願を発起す。誠に願わくば、有縁の厚顧を蒙り、天台の教迹を敷かんと欲す。若し通告を許さば、この文に答えて、宝号を署せよ。しかればすなわち、浄行の願、この間に空しからず。普賢の誓い、沙界に実ありて、有縁の善友、百年ののち知足院に詣《いた》り、一面のはじめに、無生忍を悟らん。住持仏法の至りに任《た》えず。陳情しもって聞こしめす。

この招待状が、勝猷《しようゆう》、奉基《ほうき》、寵忍《ちようにん》、賢玉《けんぎよく》、歳光《さいこう》、光証《こうしよう》、観敏《かんびん》、慈誥《じこう》、安福《あんぷく》、玄耀《げんよう》の十人にとどけられたのである。

「浄行」とは、『法華経』従地涌出品に出る、地涌の菩薩のひとりで、末代までもこの経を伝持しようというひとである。「普賢」とは、普賢菩薩であり、『法華経』の最終章で、未来の『法華経』の修行者を、守護し援助してくれると誓っている。「知足院」は、弥勒菩薩のいる兜率天《とそつてん》の内院である。ここに集ったわれわれは、兜率往生してさとりをひらこうではないかというのである。

この手紙には、ことに、最澄がすでに『法華経』を伝え弘めたいという大願を抱いていること、天台の教えを普及させたいと考えていることが明言されていて、この時期の最澄の心奥と覚悟が読みとれる、貴重なものである。

招請をうけた、南都（奈良）の十大徳たちは、こぞってこの企てに集ってくれた。おりしも、天台大師智顗の忌日である十一月二十四日にあてた、報恩の講会であった。

ここでは、最澄が、比叡山上に一切経を整え、あまつさえこれを読破し、法華一乗、天台法門に照準をあてて、山上に居ながらにして、当寺諸宗の立場からする『法華経』解釈を、一級の講師陣で講演させたという快挙に、舌をまくばかりである。

3　最澄の入唐求法

天台伝法の決意

高雄講演

延暦二十一年（八〇二）になってのことである。孝謙天皇にとりいって、その寵遇を一身にあつめ、みずから法皇と名のって、その権力を、仏教界ばかりでなく、政治一般にまでおよぼそうとした、弓削道鏡《ゆげのどうきょう》のことは有名である。この道鏡を逐《お》った立役者は、和気清麻呂《わけのきよまろ》であった。和気清麻呂は、藤原種継の暗殺や、早良《さわら》親王の検挙などで、暗雲たちこめた長岡京をすてて、山城の平安京に遷都をする土台づくりにも力があった、桓武天皇の重臣である。

この和気清麻呂が、前代の光仁天皇のときに、宇佐八幡の神託を得て創建したのが、いまの洛西高雄の神護寺《じんごじ》、当時の高雄山寺であった。この和気氏の氏寺に、清麻呂の息子の弘世《ひろよ》、真綱《まつな》兄弟の招きをうけて、奈良諸大寺から、善議《ぜんぎ》、勝猷《しょうゆう》、奉基《ほうき》、寵忍《ちょうにん》、賢玉《けんぎょく》、安福《あんぷく》、勤操《ごんぞう》、修円《しゅえん》、慈誥《じこう》、玄耀《げんよう》、歳光《さいこう》、道証《どうしょう》、光証《こうしょう》、観敏《かんびん》といった名僧、学僧があい集った。

このとき、和気弘世は、最澄にも招待状を出している。「弟子弘世、比叡の大忍辱者《だいにんにくしゃ》の禅《ぜん》

儀《ぎ》に稽首和南《けいしゅわなん》す」という書き出しで、

しかるにこのたびの会《え》は、ただ世間つねに修する功徳《くどく》のことにあらず、委曲《いきょく》の趣き、元来照したまえるところなり。ゆえに、仙儀を仰ぎ望んで、専らこの会の主とせんとす。伏して乞う、大慈かならず哀愍《あいみん》を垂れて、夏はじめの明日、高雄に降臨して、あらかじめ指揮を加えよ。

といっている。「夏はじめ」の部分を「夏おわり」とする伝本もあって、定かでないが、たぶん、最澄は、陰暦四月という「夏のはじめ」に、この講会に先立って特に弘世のもとめに応じ、一会の計画にまで参画したものであろう。

この高雄山寺の講演会には、桓武天皇と皇太子の安殿親王《あて》とが、これを嘉《よ》みする意を伝えてきているが、それに答えた講師団の謝啓のなかには、「いま講ずるところの玄義十巻、今月二日に竟《お》わんぬ。今日をもって、経の文に入り、文句《もんぐ》の初巻を講ず」としている。この謝啓は九月六日付で啓上されているから、すくなくともこの講会は、九月のいつかまではつづけられていたことになる。そして、さらにこの講会は、天台大師智顗のいわゆる天台三大部の講演会であって、九月二日の前後には、『妙法蓮華経玄義』(法華玄義)をおわって、『妙法蓮華経文句』(法華文句)に入っていたことが知られる。四月のころにこの講会がはじめられたとすれば、はじめに『摩訶止観』がまず講ぜられたものであろう。

そして、もういちど、この高雄山寺に集った僧侶の顔ぶれと、かつて前年に、比叡山に招かれた僧侶の顔ぶれとを、比較してみてもらいたい。その過半にのぼる十名の僧が重複しているることは、ひとつに最澄による比叡山の法華十講が、当代一流の学僧たちを列ねていたといえるし、すでに最澄が、それら諸宗を超えて、天台法華の教学の棟梁として嘱望されていたことが知られるのである。

天台教学への期待

「このたびの会は、ただ世間つねに修する功徳のことにあらず」という、弘世の招待状のなかのことばは、当時の仏教行事が、それを主催するひとの利益を予測した、善業を積むという性格のものが多かったことに対して、それ以上の意味を持つ講会であることを、強調しているわけである。
はしなくも、天皇の激励に感謝した、善議ら講師団の謝啓のなかに、
ひそかに天台の玄疏をみるに、釈迦一代の教えを総括して、ことごとくその趣きを顕わすに、所として通ぜずということなし。ひとり諸宗に逾《こ》えて、ことに一道を示す。その中に説くところの甚深の妙理は、七箇の大寺、六宗の学生、昔よりいまだ聞かざるところ、か

つていまだ見ざるところなり。三論、法相久年の諍《あらそ》いも、渙焉《かんえん》として氷のごとくに釈《と》け、照然としてすでにあきらかなり。

とのべられている。

もとより、この時代までに日本に伝わっていた仏教宗派は、華厳宗、律宗、法相宗、倶舎《くしゃ》宗、三論宗、成実《じょうじつ》宗といった、いわゆる南都六宗にかぎられていた。ところが、なかでも、法相宗、三論宗に、多くの学生が集って、この両宗の対抗意識は、ことごとに衝突を生じたのである。

『類聚国史』巻一七九の、延暦十七年（七九八）九月十六日の詔には、三論、法相の二宗は、「空」「有」を宗としながら、仏法を究めることで同帰の宗であるのに、近ごろは「あらゆる仏子、偏えに法相に務め、三論に至っては、多くその業を廃す」というありさまを伝えているし、この高雄の講演のおこなわれた、延暦二十一年正月の宮中における金光明会については、とくに六宗均等に参加の僧を出すべきことが指令されたりしている。一月十三日付の太政官符には、「三論、法相、彼此角争」といっているし、くだって、『日本後紀』巻一二にみえる、延暦二十三年（八〇四）一月七日の勅にも、「しかるに、三論法相両宗の菩薩、目撃しあい諍《あらそ》う」といっている。

さきに出した、善議らの謝啓に、「三論、法相久年の諍い」といっているのは、まさしくそうした状況であり、詔勅官符のかずかずが、この両宗の調停をすすめようとしていることは、事態の深刻さをあらわしているといえるであろう。いわば、ここに、第三の立場として天台宗をもりたてて、仏教界内部の抗争を終息させ、均衡をはかろうという切実な、為政者の意図が看取できる。

最澄が、天台宗を担うにいたった背景には、最澄自身の一乗仏教探究の結果という、純粋な要素とともに、いわば、桓武朝廷による宗教政策に合致して、その企図のもとで推進された、新しい仏教界の秩序づくりという大義が、作用していたことを、みのがしてはならない。そして、こうした状況が、こののちの最澄の天台宗教団開創の意図に、微妙に反映していることも、注目すべきことである。

入唐勅許

『叡山大師伝』をみると、和気弘世による高雄山寺での天台法門の講演会を契機にして、天皇は、天台法門が他宗にすぐれ、その祖師である南岳慧思《えし》が、日本の聖徳太子として生まれかわったといういい伝えに、ことのほか、こころを動かされたようである。

慧思は、智顗の師僧であり、大乗仏教の展開のうえで、大きな位置をしめる、ナーガールジュナ（龍樹《りゅうじゅ》、一五〇―二五〇頃）の教理思想を土台にして、実践的な内証を得た慧文（六世紀頃）の流れを汲み、これを智顗に伝えたひとである。まえに出した、鑑真の伝記である

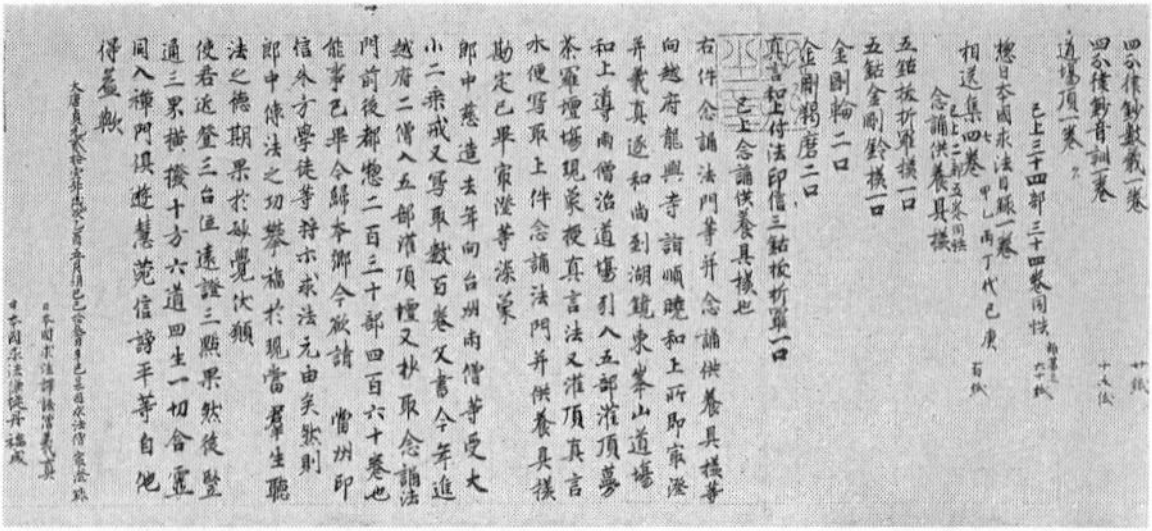
四分律鈔數義一巻
四分律鈔音訓一巻
道場頂一巻
已上三十四部三十四巻同帙
惣日本國求法目録一巻
相送集四巻
念誦供養具様
五鈷抜折羅様一口
五鈷金剛鈴様一口
金剛輪二口
金剛羯磨二口
真言和上付法印信三鈷抜折羅一口
已上念誦供養具様也
右件念誦法門并念誦供養具様等
向越府龍興寺詣順暁和上所即最澄
并義真逐和尚到湖鏡東峯山道場
和上導兩僧治道場引入五部灌頂曼
荼羅壇場現蒙授真言法又灌頂真言
水便写取上件念誦法門并供養具様
勘定已畢最澄等謹案
郎中慈造去年向台州兩僧等受大
小二乘戒又写取數百巻文書今年進
越府二僧入五部灌頂壇又抄取念誦法
門前後都惣二百三十部四百六十巻也
能事已畢今歸本郷今欲請　當州印
信示方學徒等持示求法元由矣然則
郎中傳法之功攀福於現當群生聽
法之德期果於菩覺伏願
使君迹登三台位遠證三點果然後登
通三界撫接十方六道四生一切含靈
同入禅門俱遊慧苑信謗平等自他
得益歟
大唐貞元廿一年歳次乙酉五月朔己巳十三日辛巳日本國求法僧最澄録
日本國求法譯語僧義真
日本國求法僧從丹福成

伝教大師将来目録　延暦寺蔵

『唐大和上東征伝』には、栄叡と普照が鑑真に出あったときに、鑑真が、「昔聞く、南岳（慧）思禅師遷化《せんげ》の後、倭《わ》国《こく》の王子に託生し、仏法を興隆し、衆生を済度す、と」とのべたとあって当時有名な伝説であったらしい。

天皇は、この件を、善議らの謝啓によって知ったようで、この高雄山寺での講会がおわるかおわらないうちに、天台宗興隆を発願して、これを弘世に詔問するにいたった。天皇の下問に応じた弘世は、これを最澄に相談したのである。ときに、九月八日か九日ごろ、天皇の詔問が、七日のことであったから、いち早い対応であるといわなければならない。

つねに恨《うらむ》らくは、法華の深旨、なおいまだ詳釈せざることを。幸いに天台の妙理を求め得て、披閲《ひえつ》すること数年、字謬《あやま》り行脱して、いまだ細趣を顕わさず。もし師伝を受けざれば、得たりといえども信じられず。誠に願わくは、留学生《るがくしょう》、還学生《げんがくしょう》おのおの一人をつかわして、この円宗を学ばしむれば、師師あい続いて、伝灯絶えることなからん。

最澄が、与望を担って天台宗の伝法を決意し、これを願った表文である。この文につづいて最澄は、三論、法相といった諸宗は、枝末の後人の論書をよりどころとして宗をたてた「論宗」であるのに対して、天台宗は、『法華経』という仏説の経という根本によって宗をたてた「経宗」であると、天台の優勝さを判定している。

最澄の上奏は、円基、妙澄の二人を留学生に、そして、最澄自身を還学生に任命するというかたちで実現をみた。『顕戒論縁起』巻上には、九月十三日に最澄が、みずから還学生に任じられたことを謝する文がみえる。そして、十月二十日には、同法の義真《ぎしん》を、訳語僧として同道することを願い出ている。この義真こそ、ほかならない、最澄を襲《つ》いで第一代の延暦寺座主となったひとである。遠くのちの比叡山の教団の動向を望みみるとき、それを二派に分かって対立する山門寺門の確執の淵源は、入唐求法《ぐほう》に際して、最澄が、義真を同行させることにしたところに発しているとみられなくはない。しかし、この時点のふたりに、もとよりその予測のつけられようはずはなかった。

求法の努力

天台山行

留学生の二人の入唐の成否はさだかでない。円基の名は、後年、円珍の『行歴抄』で、円載とならんで、堕落した留学生の一人として名が出ることがある。妙澄は、最澄が空海と交際する間に、最澄の使者として登場する。それぞれ同一人かどうかもたしかめにくいが、入唐の成果については、まったくわからない。

最澄が、義真を伴って唐にむかったのは、延暦二十三年（八〇四）七月六日のことであった。延暦二十年（八〇一）八月、今次の遣唐使の大使以下の諸役が任命され、二十二年（八〇三）三月、彩帛《さいはく》等が下賜され、朝堂院で送別の賀宴が張られ、大使等に衣服、金員が与えられ、四月二日に、大使に節刀が授けられた。

かくて四月十六日、難波を出発したが、瀬戸内海で暴風雨に遭い失敗するのである。この際、最澄は九州に渡りえて、閏《うるう》十月二十三日には太宰府竈門《かまど》山《さん》寺において、薬師仏四体を刻し、遣唐使一行の無事渡航を祈り、また賀春《かわら》神宮寺、宇佐八幡等に巡錫《じゅんしゃく》している。

ふたたび、遣唐使の船団が難波を出発したのは、五月十二日のことであった。大使は藤原葛野《かどの》麻呂《まろ》であった。七月六日、肥前国松浦郡田浦を出帆、最澄は第二船に乗った。

七月七日、第三船、第四船との音信はとだえ、第一船は八月十日に福州長渓県赤岸鎮近辺に到着、第二船は、九月一日に明州鄮県に到着した。

明州鄮県、いまの浙江省寧波に着いた第二船の一行は、判官菅原清公らであった。判官らはただちに長安にむかい、最澄と義真は、ほど近い天台山へむかって出かけることになった。最澄はこのとき、軽い病気にかかって九月十五日にようやく出発するのである。

『顕戒論縁起』巻上には、「大唐明州より台州の天台山に向うの牒」一首があり、天台山へ持参の安殿親王寄托の「金字妙法蓮華経」等法華三部経、「屈十大徳疏」等の最澄持参の法門道具などがあったこと、路次の各県に、馬や担夫を給付するよう命じたこと等が記されている。つづく「台州相い送るの詩」には、「貞元二十年（八〇四）九月二十六日をもって海郡に臻《いた》る」という記事がみえている。すなわちこの日、台州臨海県に到着したのである。

道邃行満《どうずいぎょうまん》

明州から天台山まで、百キロあまりの道のりを旅して、臨海県に到着した最澄は、刺使陸淳に会って、持参の筑紫の紙や筆、墨、刀子、水精珠などを献じ、さっそく、『摩訶止観』などの書写の手はずをととのえようとしている。

ときあたかも、陸淳が、台州の龍興寺に、天台山修禅寺から道邃を招いて、天台法門の講演会を開催していたので、最澄は陸淳からこの道邃に引きあわされることになった。道邃はさっそく、写経の工人をあつめて、書写の手はずをつけてくれた。

『天台法華宗伝法偈』は五言の偈頌《げじゅ》一千三百七十四句からなるが、古来その真偽が疑われている。そのなかには、このとき、陸淳がみずから四千張の料紙を購入し、二十人の経生をあつめ、道邃を勾当《こうとう》にあてて、最澄のために法門の書写をしてくれたとも、記されている。「台州相い送るの詩」によれば、この書写事業は、「月を逾《こ》えて畢《おわ》った」とされる。これを信ずれば、九月の下旬から十月はじめにかけて、この事業が完成したことになる。

『伝法偈』ばかりでなく、『内証仏法相承血脈譜』の禅の相承を記すなかにも、貞元二十年の十月には、最澄らが、天台山に在ったことが記されている。

天台山で最澄が出会ったのは、行満であった。行満は、大暦三年（七六八）、いまの安徽《あんき》省にある浮槎《ふさ》寺で、天台智顗から数えて六祖にあたる湛然《たんねん》から、天台三大部の講演を聞き、のち天台山仏隴《ぶつろう》寺で師僧である湛然の龕《がん》を守ってきた僧である。『伝法偈』によれば、十月七日に仏隴荘で最澄はこの行満に出会い、十三日に仏隴道場にいたり、十四日には銀地の泉を訪れ、その日の斎後に、行満から八十余巻の法門を授かったと記す。

また『血脈譜』では、十月十三日に、天台山禅林寺の翛然《しゅくねん》から、「天竺《てんじく》大唐二国の付法血脈、ならびに達磨の付法牛頭山の法門等」を、最澄が受けたと記している。

ふたたび、『伝法偈』をみると、十一月五日に最澄は、行満とともに天台山を降り、台州龍興寺にある、道邃のもとにもどったということである。

道邃の伝記としては、『顕戒論縁起』巻上に、乾淑のあらわした「道邃和上行迹」があり『血脈譜』がよりどころとする、「道邃和上行業記」と同文である。その家柄は、河北省瑯琊の王氏、道邃は長安の生まれ。監察御史になったが、仏門に入り、具足戒をうけ、大乗仏教に心を傾けた。基《き》の『法華玄賛』を学んだが、湛然が江蘇省常州の妙楽寺で天台法門を講じているのを知って、これに師事し、のち天台山に入った、という。

貞元二十年十二月七日、最澄と同行した義真は、天台山の国清寺において、「翰一」と名のる戒師について、具足戒を受けた。このときの戒牒は、『顕戒論縁起』巻上の「大唐受具足戒僧義真戒牒」として残っている。このときの受戒は、帰国後に、入唐求法を証して出された治部省の公験では、「年二十五臘一」とあって、ただちに日本でも公式にみとめられたのであった。

このたびの入唐求法において、最澄の今後を決することになる大事件は、こののち、翌貞元二十一年（八〇五）三月二日に、台州龍興寺西廂の極楽浄土院で、道邃から「円教の菩薩戒」を受けたことであろう。『血脈譜』によれば、唐僧二十七人もともに受戒したという。最澄はここに、天台法門と同一の系譜で伝持されてきたという、天台法華の教旨にのっとる、大乗戒の存在を知ったのである。最澄の後半生は、実にこの大乗戒の日本への移植と発揮に、身心をささげることになるのである。

天台山を中心とする求法の成果は、『伝教大師将来台州録』としてまとめられるが、道邃の助力による新写の法門を中心として、一二〇部三四五巻にのぼり、法華部、止観部、禅門部、維摩部、涅槃部、雑疏部等にわけられる。智顗の主要著書を網羅したばかりでなく、天台の註疏にもとづく加点の大乗経類、大小乗戒律、陀羅尼、列祖の史伝などにまでおよんでいる。

越州をめざして

貞元二十一年三月上旬、最澄の一行は、台州をあとにして、明州へもどった。『日本後紀』巻一二に伝える、遣唐大使一行の動きをみても、一月二十三日に崩じた徳宗の国喪のありさまを、日本に伝えてもらいたいとの伝言を得て、明州へもどってきた。第一船も録事の山田大庭によって明州へ廻航してきた。

これらの動向をかんがえあわせると、一行は明州へ集結して、順風をまって故国への帰途につこうというつもりであったとみられる。

ここで問題になるのは、最澄が越州へむかって、日本にいまだ相伝されなかった密教を、受学するはこびになった一件である。最澄が密教受法を、入唐求法の課題のひとつとしていたかどうかということに、かかわりがあるからである。

『血脈譜』によれば、その雑曼荼羅相承師師血脈譜のなかに、貞元二十年十月、天台山国清寺の惟象から、大仏頂大契曼荼羅の行事を伝えたとしているから、密教について、ことさら越州行を問題にしなくてもよさそうである。『台州録』の陀羅尼目録や、『蘇悉地経』『蘇婆呼律経』の名をみても、最澄は、主としては天台法門の相伝を目的としながら、当時盛行していた密教にも、関心を抱いていたことは、あきらかだからである。

越州におもむいたのは、四月六日付の「明州牒」などから、四月八日以後のことであろう。『顕戒論縁起』の「大唐越州龍興寺寂照闍梨の書」によれば、四月十八日のあけがたに、まだ、灌頂の器物を求めて越州城内を奔走していたようであり、「順暁阿闍梨付法文」の印信の末には、四月十八日とあり、付法文の末尾には四月十九日と書いてあって、にわかにきまった灌頂受法という好機を、懸命にのがすまいとする、異国の求道者の期待とめまぐるしさを、ありありと伝えている。

順暁は、山東省の泰嶽霊巌寺の僧である。越州龍興寺にあって、最澄に出会い、いよいよ、大日如来に発して、善無畏―義林―順暁と次第した密法の灌頂を、この四月十八日にはたすのであった。『伝教大師将来越州録』には、密教の法門を中心に、一〇二部一一五巻が列ねられ、つづいて、密教の供養道具五点ほどが記載されている。この『越州録』の跋文によれば、灌頂の道場は、鏡湖の東にある峯山道場であるとしている。

こうして、日本の僧としてはじめて、綿々とつづく密教の法脈を伝えた最澄は、四月の末から五月五日ごろまでには、ふたたび明州へもどっている。ここでは、草堂寺大素、明州檀那行者江秘、明州開元寺法華院の霊光らの密教儀軌を得て、これも伝えている。

貞元二十年九月一日に明州に着いてから、八ヵ月あまりの求法の旅を終えて、あけて二十一年、日本延暦二十四年五月十八日、最澄は、第一船に乗って帰路についたのである。順風を得て六月五日、第一船は、対馬の下県郡阿礼村に着いたのであった。

相承の法門

法華円教

最澄にとって、師の行表による、一乗仏教への示唆は、法華一乗との出会い、天台法門との邂逅となって、ついに、与望を担って、日本に正統な天台の法脈を伝えることにまでなっていった。

唐にわたって、数々の僧をたずね、法門を将来した主眼は、おのおのについて、仏陀以来の伝統を継承するところにあった。湛然門下の道邃と行満に就学して、『付法蔵因縁伝』の久遠実成釈迦牟尼《くおんじつじょうしゃかむに》尊―摩訶迦葉―阿難陀―商那和修―優婆毱多―提多迦―弥遮迦―仏陀難提―仏陀蜜多―脇比丘―富那奢比丘―馬鳴菩薩―比羅比丘―龍樹菩薩の系譜、そして、『開元釈教録』による、須利耶蘇摩―鳩摩羅什―の流れ、それに羅什翻訳の『妙法蓮華経』と『大智度論』をならべ、つづいて、『無生義』の序、および『止観義例』上巻で傅大士《ふだいし》を立て、『摩訶止観』により慧文を列ね、『法門議』によって慧思―天台（智顗）へつなげ、『隋天台智者大師別伝』の、慧思および智顗が霊鷲山で、仏陀が『法華経』を説くのを、同じく聴いたという故事にのっとり、霊山直授相承をたてている。智顗以降、灌頂―智威―慧威―玄朗―湛然の流れは、『仏隴道場記』を用い、『道邃和上行業記』『伝法記』をもって、道邃、行満を列ね、最澄、義真への伝法を記す。以上は、弘仁十年（八一九）十二月五日撰定の、『内証仏法相承血脈譜』天台法華宗相承師師血脈譜の内容である。

もとより、『摩訶止観』巻一の序には、いわゆる金口相承として、釈尊―大迦葉―阿難―商那和修―毱多―提多迦―弥遮迦―仏駄難提―仏駄蜜多―脇比丘―富那奢―馬鳴―毘羅―龍樹―提婆―羅睺羅―僧佉難提―僧佉耶奢―鳩摩羅駄―闍夜那―盤駄―摩奴羅―鶴勒夜那―師子の二十三人、商那和修と同時の末田地を加えて二十四人を数えている。つづいて『摩訶止観』には、『大智度論』をもって、上来付法の龍樹から、慧文―慧思―智顗の、今師相承を列ねる。

最澄の『血脈譜』と、智顗の『摩訶止観』と比較して、小異はなお検討の余地はあろうが、大同をもっていえば、天台法華の法門が、久遠実成の釈迦牟尼尊以来、インド、中国に連綿と伝えられてきた、仏教正統の宗旨であることを誇示する意味で一致している。

久遠実成とは、久しく遠い昔に、実際に成道したというほどの意味で、『法華経』の寿量品で説く、永遠不滅の真理性（法）を身体とした仏陀のありようを語ったことばである。

智顗による天台法門の特長は、『法華経』に、仏陀の本懐、すなわち、仏陀がすべてのものを教導する本旨を、はじめて顕現したものであることをみとめて、すべての仏教の教説を整理した点にある。諸経典にのべるところは権《かり》の教え、『法華経』こそ実（真実）の教え。カピラ城に生まれ、ブダガヤでさとりをひらき、クシナガラで入滅した仏陀は、この世の化導に迹を垂れた仏、久遠実成の釈迦こそ本地の仏。仏弟子にランクを設けるのは三乗の権の教、すべて成仏が約束される『法華経』こそ一乗の実教、すべて、智顗の発揮した、仏教のとらえかたである。

最澄の課題は、ここに解答をみいだし、最澄は、ただ法華宗とはいわずに、「天台法華宗」と宗名をたてることになるのである。

円教菩薩戒

『内証仏法相承血脈譜』の天台円教菩薩戒相承師師血脈譜によると、蓮華台蔵世界赫赫天光師子座上盧舎那仏から、―逸多菩薩―鳩摩羅什―慧思―智顗と列ね、慧思と智顗へは、天台法華宗の相承と同じく、盧舎那仏から直接の系譜が列なって、霊鷲山同聴の故事をここにももってきている。すなわち、羅什は『梵網菩薩戒経』の翻訳者であり、円教菩薩戒がよりどころとする経であるから、天台法華宗の血脈における訳主相承と同様の形式でここに列ねるのである。そして、久遠実成釈迦仏と、盧舎那仏とが、慧思、智顗に直接授法するかたちにしていることは、釈迦と舎那の二仏は一体であるという立場に立っていることである。

さらに注目すべきは、この智顗のあと、灌頂ないし湛然、そして道邃と列ねて、その系譜が、まったく天台法華宗のそれと一致していることである。ちなみに、『血脈譜』の天台列祖の記事は、『六祖略伝』によっている。推測するところ、最澄にとって、このいわゆる戒脈が、天台法華宗の伝統と、不即不離の関係にあるとするいいかたは、大きな衝撃であったにちがいない。後年、天台法華宗を開立して、その顕揚の必要が生じたときに、一宗の命脈を、この円教菩薩戒の伝法と、専一の伝持において、いわゆる小戒棄捨とよばれるような、思いきった一向大乗に踏み切るにいたることも、このいわば、教戒一致の宗旨があったればこそであろう。

道邃に授けられた円教菩薩戒は、最澄の名のもとに伝わる『授菩薩戒儀』と、密接な関係にあるものであろう。それは、やはり、開導、三帰、請師、懺悔、発心、問遮、正授戒、証明、現相、説相、広願、勧持の十二門からなる、湛然の『授菩薩戒儀』（十二門戒儀）に即したものにちがいない。そしてそれは、のちの比叡山の教団における、菩薩戒授戒においても、用いられることになったのである。

『伝述一心戒文』巻中の、「大日本人、いまだ入唐せざる前、一切経を披《ひら》き、璿和尚の経を叡岳に覧《み》、進和上の経を東嶺に検す」という文は、最澄が入唐以前、道璿の『集註菩薩戒経』三巻と、法進の『梵網の註書』六巻（あるいは七巻）とを研究していたことをあらわしている。そして入唐に際して、いよいよ智顗の『菩薩戒経義疏』が加わり、湛然の門下にあたる明曠が刪補《さんぽ》したという『天台菩薩戒疏』三巻も加わることになったのである。

円教菩薩戒を指して、最澄は、一乗戒といい、大乗戒といい、円戒ともいうことがある。仏教では、修道上必修の三要素として、戒・定・慧の三学をいう。最澄によって、このように、比叡山の教団に、円教の三学が具備されてくるのである。

密教初伝

くりかえすことになるが、最澄の求法の目標は、一乗仏教というところにあった。その中心の法門は、智顗によって発揮された、天台法華の法門であるにちがいない。そして、それに即しての、円教菩薩戒が伝えられて、最澄の一乗仏教は、より具体性を帯びたはずである。

ここに、最澄が唐から伝えた、もう一つの重要な法門がある。順風を待つ間に、越州へおもむいて、順暁から伝えた密教を中心として、台州、明州で、「雑曼荼羅」法門をも伝えている。密教は、ひとくちにいって、即身成仏《そくしんじょうぶつ》を標榜する法門である。身と語と意の三密、われわれの器官の三要素を、仏の三密と同致させることによって、仏と同等となろうという、きわめて具体的方法を説く法門である。

最澄は、この密教が、やはり成仏を約束する一乗の法門であったからこそ、順暁に就いて、法門伝授の儀式である灌頂を受けるつもりになったのである。

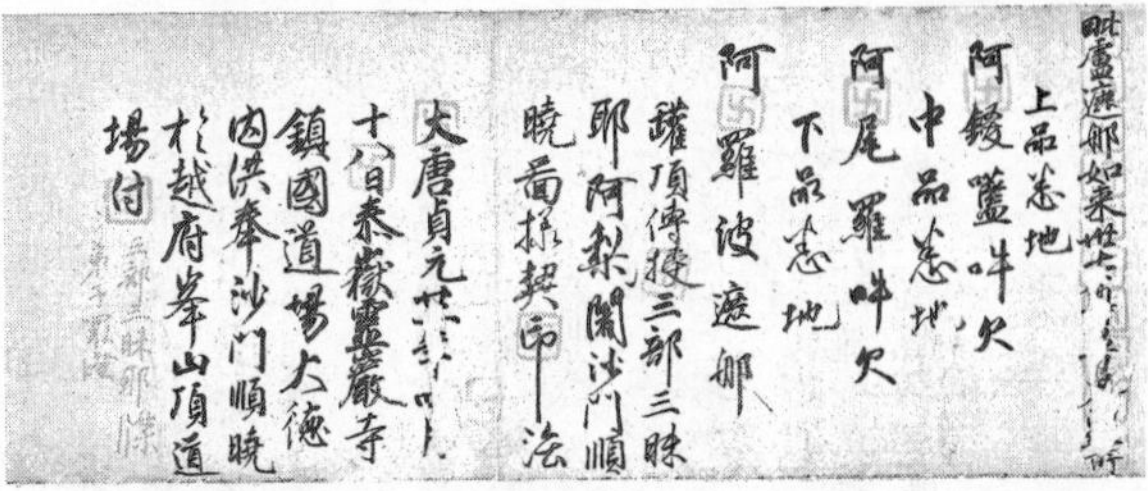
毗盧遮那如来卅七尊曼荼羅所
上品悉地
阿鑁藍吽欠
中品悉地
阿尾羅吽欠
下品悉地
阿羅波遮那
灌頂傳授三部三昧
耶阿梨闍沙門順
暁圖様契印法
大唐貞元廿一年四月
十八日泰嶽霊巌寺
鎮國道場大徳
内供奉沙門順暁
於越府峯山頂道
場付
三部三昧耶牒
弟子最澄

順暁阿闍梨印信　大阪府　四天王寺蔵

『顕戒論縁起』巻上に「順暁阿闍梨付法文」が収められている。昭和四十年（一九六五）十二月、大阪の四天王寺で、この付法文の前半にあたる、「印信」の現物が発見された。そこには、「毗盧遮那如来卅七尊曼荼羅所」と第一行を誌して、上品、中品、下品の三種悉地の真言が並び、「灌頂伝授三部三昧耶阿梨《ママ》闍沙門順暁図様契印法　大唐貞元廿一年四月十八日泰嶽霊巌寺鎮国道場大徳内供奉沙門順暁於越府峯山頂道場付」そして朱書で「三部三昧耶牒弟子最澄」と書いてある。灌頂の日時や道場については、前にのべたところである。また、『越州録』の跋文では、「五部灌頂曼荼羅壇場」と記している。このほか『血脈譜』では、順暁の灌頂は、「胎蔵金剛両曼荼羅」の相承としてとりあつかっているし、『顕戒論』巻上では、「両部灌頂」といっている。

弘法大師空海（七七四—八三五）が帰朝してからは、密教は胎蔵界と金剛界とからなり、この両界を一対にしてうけ伝えるべきものということが、常識になっていった。しかしいまの順暁の灌頂は、その道場には、金剛界の曼荼羅にあたる、三十七尊が描かれた曼荼羅がかけられていたようである。そして、その授法の内容が、三種悉地を中心としたものであるとなると、空海が後年伝えるところとはちがって、現在伝わる『三種悉地破地獄儀軌』などにみられるような、胎蔵界の中心である『大日経』と、金剛界のよりどころである『金剛頂経』の、要妙をとりあわせた、胎蔵界、金剛界を合糅《ごうじゅう》して、密教修法の完成（悉地）をはかる修法が中心となっていたことが考えられる。

印信につづく付法文には、善無畏―義林―順暁―最澄とし、『血脈譜』では、胎蔵界を胎蔵界の毗盧遮那如来―善無畏―一行と義林―順暁―最澄、金剛界は、金剛界の毗盧遮那如来―金剛薩埵―龍猛―龍智―金剛智―不空―順暁―最澄と伝わったとしている。金剛界については、『不空表制集』巻六の「三蔵和上当院の碑」によって列祖をたてている。『血脈譜』といい、『顕戒論』といい、空海が両部一対の密教を世にひろめて以来、最澄においても、順暁から伝えたところが、胎蔵、金剛両部にわたる内容であることをかえりみて、系譜をたてたものであろう。

明州で得た「雑曼荼羅」の相承は、大素から冥道無遮斎法、江秘から普集壇と如意輪壇、霊光からは、軍荼利菩薩壇法と契像を得たと記されている。

4　最澄と天台開宗

天台法華宗

将来法門の発表

対馬に着いた最澄は、ただちに上京して、延暦二十四年（八〇五）七月十五日、進官録を上表している。そこには、「総じて二百三十部四百六十巻」といい、それは、台州および越州で求得した経論章疏の合計である。

『叡山大師伝』をみると、将来の法門のうち、最澄が期するところのあった天台法門は、勅によって、七大寺分として七通の書写が命じられ、ときに、禁中の上紙が支給されたという。書写にあたったのは、中務省図書寮であった。

弘仁六年（八一五）、三月に、天台法門の書写は成り、嵯峨《さが》天皇が、三筆とうたわれる麗筆をもって、これに題を書きつけたと、『叡山大師伝』は、劇的に叙述している。新写の天台法門は、道証《どうしょう》、守尊《しゅそん》、修円《しゅうえん》、勤操《ごんぞう》、慈蘊《じうん》、慈完《じかん》らの学僧に、その研究がゆだねられたのである。

やがて、この天台法門の研究が進められると、たとえば徳一のように、その教義への批判を、みずからが宗とする法相宗義に立って加えてくることにもなる。

最澄の将来法門のうちで、天台法華教学に関する部分は、以上のように公開されていくのであるが、それにもまして、最澄新伝の密教は、いわば熱狂的な歓迎をうけることになる。

伝記には、和気弘世に、つぎのような勅が発せられたことを記している。

真言の秘教等、いまだこの土に伝うるを得ず。しかるに最澄闍梨、幸いにこの道を得、まことに国師たり。よろしく、諸寺の智行兼備のものを抜きて、灌頂三昧耶を受けしむべし。

というのである。

この勅にこたえたのが、和気氏ゆかりの高雄山寺における灌頂であった。つづいて、八月二十七日には、内侍の宣命《せんみよう》として、最澄の密教新伝をたたえ、天皇のみがわりに、石川、檉生の二禅師に灌頂を受けさせるとしている。二十余人の選りすぐった画工が、最澄の指図で毗盧遮那仏画像一幅、大曼荼羅、宝蓋、仏や菩薩、神王の像をえがき、幡五十余流が縫われて、着々と準備は進められたのである。

『顕戒論縁起』巻上に載せる「三部三昧耶を伝うる公験」によれば、高雄山寺の灌頂は、九月七日に行われたのであった。

『叡山大師伝』には、ふたたび和気弘世に勅して、「朕がために、重ねて灌頂秘法を修行せしめよ」という申し入れがあったことを記している。その記述をたどれば、「城西の郊《おか》」の好地をえらび、石川川主を検校として、灌頂壇が設けられたのであった。

再度の灌頂は、日時をつまびらかにしないが、『伝述一心戒文』巻下によると、野寺の西野といわれ、九月十六日付で、最澄らの入唐の証明書が発せられ、十七日にはふたたび最澄が殿上で毗盧遮那法を修しているから、その十六日あたりのことであったであろう。

ともあれ、たとえ最澄の密教将来が、未曾有のことであったとしても、この再三にわたる灌頂の修行と、殿上の祈禱等は、異常な用いられかたである。われわれは、前年の延暦二十三年（八〇四）十二月二十五日に、桓武天皇が病を発し、二十四年正月の朝賀式を中止し、放生《ほうじょう》、大赦《たいしゃ》、読経がつづけられ、その四月六日に皇太子や参議等に後事を託したという事情のもとで、この特別な、密教への関心の度合を、おしはからなければならない。

天台法華宗

延暦二十五年（八〇六）正月三日、最澄は、毎年諸宗にみとめられる年分度者の定員を、新しい割合に改正し、そこへ、天台法華宗を加えた提案を上奏した。いわく、「華厳宗に二人。天台法華宗に二人。律宗に二人。三論宗に三人、小乗成実宗を加う。法相宗に三人、小乗倶舎宗を加う」とする内容である。

戒壇院

この当時の年分度者は、延暦二十年（八〇一）四月十五日の勅で、三論宗と法相宗にのみ年分度者がみとめられ、二十二年（八〇三）正月二十九日の官符では、三論、法相両宗各五人ときめられていた。宗にして付宗である成実、倶舎を加えて五宗が増え、総員にして二名が加増される提案であった。

そのうえ、華厳、法華の二経を宗とする、最澄のいわゆる経宗に並べ、戒律の宗を加え、経、律、論を網羅して完璧を期したのである。

想い起こしてもらいたい。最澄は、従来の諸宗を批判し、それと絶縁して比叡山へ入ったのではなかった。それゆえに、一切経を比叡山上に備えるについては、諸寺の僧がこれを助成し、比叡山上に法華十講を企てれば、諸宗の学僧がこれに集《つど》った。三論宗と法相宗とが、その勢力を争って先鋭化するなかで、与望を担って最澄は、天台法華宗の相伝と弘通との使命を、むしろ他律的に与えられた。まさしく、最澄みずからが、のちに、「先帝御願」すなわち、桓武天皇の望みとして開かれたものが天台法華宗であると唱えるように、最澄は、ここに、天台法華宗を加えた、日本仏教の新しい秩序を提案する立場に立たされたのである。

天台宗の後世のものたちが、最澄を、わが祖師とあがめるあまりに、この延暦二十五年の上奏を、天台法華宗を公認させるためのみの意図から発していると解することは、いうなれば、あやまりである。

「一目の羅《あみ》は鳥を得ることあたわず。一両の宗なんぞ普《あま》ねく汲むに足らん」という上奏文の書き出しは、他をあざむく言辞では、けっしてありえない。まして、諸宗を批判して捨てたものが、わざわざ他宗にまでいいおよんだ、傲慢《ごうまん》な提案でもない。

わずか二日ののちの、正月五日に、勝虞《しようぐ》、常騰《じようとう》、如法《によほう》、修哲《しゆうてつ》、永忠《えいちゆう》らの僧綱《そうごう》のメンバーが、いちはやく、「内裏、諸宗の年分一十二人を問い定めらるるを賀するの表」を上《たてまつ》って、最澄の提案に賛成したのであった。

最澄の提案は、かくして、正月二十六日に太政官符というかたちで実現をみた。要点を官符から拾うと、つぎのようである。

華厳宗二人　ならびに、五教、指帰《しいき》、綱目を読ましむ。

天台業二人　一人に大毗盧遮那経を読ましめ、一人に摩訶止観を読ましむ。

律業二人　ならびに、梵網経、もしくは瑜伽《ゆが》論声聞地を読ましむ。

三論業三人　二人に三論を読ましめ、一人に成実論を読ましむ。

法相宗三人　二人に唯識論を読ましめ、一人に倶舎論を読ましむ。

そして、諸宗ともに、その宗に立って法華、金光明の読誦と解釈を課すること。経論について十問のうち、五問以上正答したものに得度をゆるすこと。その年に及第者のない宗は欠員にして、人物を得られたときにそれを補い、他宗へ定員を奪って、その宗を絶やしてはならないこと。受戒後は戒本の読誦等につとめること。所定の宗の学業で十問、戒律で二問のうち七問以上できたものは、立義、複講、諸国の講師等へ、順次任用される。そうしたきまりが、同時に提示されたのであった。

空海へのよびかけ

空海は、大同元年（八〇六）太宰府に帰りいたり、しばらくここにとどまって、和泉国槇尾山寺を経て、大同四年（八〇九）に平安京に入っている。

最澄は、天台宗年分度者として、止観業とならんで、遮那業学生が認められて、かえってその指導教育に完璧を期しがたいところがあった。唐の中心である長安の地に、当時盛行していた密教を、それも、不空三蔵直系の恵果《けいか》より学んだ空海が帰朝するや、最澄はただちに交わりを開いて、おびただしい不空新訳の経典等を中心に、空海からもろもろの法門を借覧したのである。

最澄と空海が、いわば日本の密教の今後について語りあったはじめは、弘仁三年（八一二）九月のことであった。最澄はこの日、弟子の光定をつれて、住吉神社で唐から無事帰国することができた神恩に謝する万灯供養をおこない、さらに、奈良の興福寺で行われた維摩会に参加し、西大寺に泊って、帰路、長岡の乙訓《おとくに》寺に止住していた空海を訪れたのであった。この出会いは、新帰朝の空海に、すでに弘仁二年（八一一）二月のころから、その伝えた密教を習学したいと申し出ていた、その宿題をはたすためのものであった。乙訓寺を訪問する直前の、八月十九日付の空海に宛てた書状では、

しかるに、今人の人心、教導はなはだ難し。また、官の試するところ、相応してははなはだ難し、ただ遮那の宗、天台と融通す。（中略）法華、金光明は先帝の御願。また一乗の旨、真言と異なることなし。伏して乞う、遮那の機を覔《もと》めて、年年あい計りて伝通せしめん。

というのである。天台法華宗に、『毗盧遮那経』（大日経）を読むことを課された、いわゆる遮那業の学生が割りあてられていることを、考慮すべきである。この遮那業学生にふさわしい人物を採りあげて、遮那の宗をともに相談しながら伝通しようというよびかけは、天台法華宗遮那業学生の指導を、空海に依嘱することばでなくて、なんであろう。

最澄が、空海から借りた密教経論儀軌のたぐいは、記録に残るものだけでも、三十点に近

い。そして、そのもっとも早い借覧は、大同四年（八〇九）の八月からはじまっている。

ついに弘仁三年十一月十五日、最澄は、念願の灌頂を、空海から受けるのである。この灌頂をはじめとして、高雄山寺において、十二月十四日、および、翌年三月六日と、都合三回おこなわれる。内容は、金剛界、胎蔵界、金剛界の順になっている。

弘仁三年末のこの高雄灌頂を記録しているのは、神護寺にある『灌頂記』である。そこに自署された暦名《りゃくみょう》をみると、十一月十五日の金剛界灌頂では最澄ひとり、十二月十四日の胎蔵界灌頂では、最澄、泰範、円澄、光仁、光定ら二十三人、翌年三月六日の金剛界灌頂では、泰範、円澄、光定の三人あたりが、比叡山の教団からの参加者であった。すなわち、十一月十五日の金剛界灌頂に漏れたもののために、翌年三月の灌頂が修されたことは、歴然としている。

この灌頂にいたるまでの、最澄の発言をみてみると、弘仁三年十一月五日の手紙では、十二月十日を灌頂の日と定めていた。しかし、たった二日後の七日付の手紙では「今月十三日許」としている。どちらの手紙も、同法の泰範にあてたものであるが、十三日付の智泉にあてた手紙では、「来月十日をもって、阿闍梨の慈悲を蒙り、大悲胎蔵ならびに金剛界の壇場に参入して、員外の御弟子の列とならん」といっていて、それぞれ定まらない。この混乱の根源は、智泉あての手紙であきらかなように、胎蔵界と金剛界の灌頂を、いちどに受けられると思いこんでいた最澄の認識にあったようである。

最澄は、この空海からの灌頂によって、胎蔵界、金剛界の両部の灌頂が、それぞれ独立してしかも一対になっているという、不空ないし恵果そして空海と伝わった、唐の長安の密教を、知ることになったのである。

大乗菩薩教団

年分度者相奪

最澄が、天台法華宗年分度者の発足と決定にかかわる文書を編集した、『天台法華宗年分縁起』のなかに、『天台法華宗学生名帳』がみえる。この名帳は、大同五年（八一〇）に、さかのぼって大同二年の分から得度することになった、年々の年分学生の名を列ねて、業の区別、師主、本寺のほか、比叡山に住しているか、住していないかの動静をも書きくわえている。そこには、弘仁九年分につづいて、弘仁十年分もくわえて、合計二十六名の名が出るが、このうち、「法相宗相奪」と記すものが六人にのぼっている。ほかに、老母を養うため、巡歴の旅に出るためなどで、八人のものが比叡山に住んでいない。すなわち、半数ののが天台法華宗の年分度者になりながら、落伍してしまっているのである。

その落伍者計十四人のうち九人までが遮那経業を専攻したものであるから、前節にみた空海への期待は大きいものがあったであろう。それと同時に、この落伍者のうちに、法相宗に奪われたとするものがあることは、おだやかなことではない。そのなかには、「別勅法相宗相奪」というもの二名があり、そのまま信ずるなら、いわば正式に天台業から法相業へ、移籍されてしまったということであろう。

相奪の禁止は、延暦二十五年一月二十六日の太政官符で、厳しく制せられたことであり、それ以前に、法相宗と三論宗の競合するなかで、やはり、しばしば禁制されたものであった。ところが、延暦二十五年から、十年たつかたたないかのあいだに、それも、法相宗がことごとにその手をのばして、生まれたばかりの天台法華宗の年分度者を奪っていることになる。

ひんぱんな相奪に対応して、天台法華宗年分度者を、所制のごとくに保護していくことが、ここに、最澄の課題となった。

『大日経』を学習する、遮那（経）業の年分学生に、充分な指導をほどこすことは、そのひとつの対応策である。

そして、『学生名帳』の記載を熟視してみると、それぞれの学生の本寺と師主を、比叡山と最澄とにしておくという対応策が、比較的効を奏したことが読みとれる。

当時の僧侶は、七大寺を中心とする官寺に籍を置いて、そのつながりで師主をきめることになっていた。たとえば、最澄の当時の本寺は興福寺であったし、この名帳に出る弘仁五年の止観業年分度者である円仁は、師主は最澄、本寺は興福寺である。ところで、この名帳で、弘仁六年の止観業年分度者、玄慧からは、師主を最澄、本寺を止観院とすることで、だいたいそろっている。そして、それ以後、相奪、不住山のわりあいは、減少していったのであった。

学生式《がくしようしき》の撰述

最澄の主張したところは、天台法華宗の年分度者が、「先帝の御願」すなわち、桓武天皇の発意によって設けられたということであった。その主張の背景にあるものは、わが国にいまだ伝わらず、三論、法相両宗の角逐を止揚するものとして、この天台法華宗の相伝を期したのは、桓武天皇そのひとであったという、いきさつである。

平城《へいぜい》、嵯峨《さが》と皇位が次第したいま、桓武天皇みずからが発意し、この時代の仏教界の秩序を、しかるべく組みたてていく、大切な要素としての天台法華宗が、ことによれば有名無実になろうとしている危機を回復しようというのが、一連の学生式上表の意図するところであった。

弘仁九年（八一八）五月十三日に上奏した、『天台法華宗年分学生式』では、

㈠　天台法華宗年分度者は、大乗の類として、戸籍の別に僧籍をたてず、戸籍に「仏子」とのみ加え、『法華経』の説く仏の極説としての「円教」にのっとって、十善戒を授けて得度したら、「菩薩沙弥」とし、その得度の証明書である度縁に、太政官の印をおしてもらいたい。

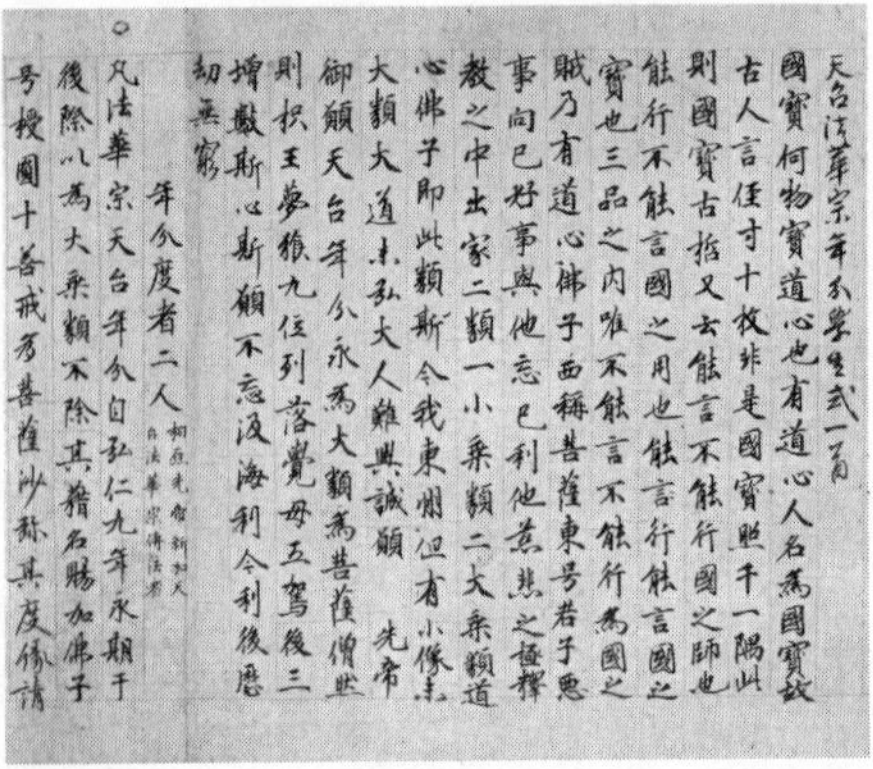
天台法華宗年分學生式一首
國寶何物寶道心也有道心人名為國寶故
古人言徑寸十枚非是國寶照千一隅此
則國寶古哲又云能言不能行國之師也
能行不能言國之用也能行能言國之
寶也三品之内唯不能言不能行為國之
賊乃有道心佛子西稱菩薩東号君子悪
事向己好事與他忘己利他慈悲之極釋
教之中出家二類一小乘類二大乘類道
心佛子即此斯類今我東州但有小像未
有大類大道未弘大人難興誠願　先帝
御願天台年分永為大類為菩薩僧然
則枳王夢猴九位列落覺母五驚後三
増歎斯心斯願不忘汲海利今利後歷
劫無窮
年分度者二人　柏原先帝新加天台法華宗傳法者
凡法華宗天台年分自弘仁九年永期于
後除小為大乘類不除其籍名賜加佛子
号授圓十善戒為菩薩沙弥其度縁請

天台法華宗年分学生式　延暦寺蔵

(二)　大乗の類であるから、得度したその年に、大乗の戒である仏子戒を授け、「菩薩僧」として、その戒牒にはやはり太政官印をおしてもらう。受戒後は十二年間比叡山の外に出さず、止観、遮那の両業を学ばせたい。

(三)　止観業のものは、年年毎日、法華、金光明、仁王般若《にんのうはんにゃ》、守護国界主陀羅尼経などの護国の力をもつ経典を長転、長講する。

(四)　遮那業のものは、歳歳毎日、遮那、孔雀、不空羂索《ふくうけんじゃく》、仏頂などの護国の力をもつ真言を長念する。

(五)　両業の学生が、十二年間の山修山学をおえれば、能く行い能く言うものは国宝として、山中にあってリーダーにさせる。能く言うも行うことのできないものは国師とする。能く行うも言うことのできないものは国用とする。

(六)　国師、国用は、太政官の命令によって、伝法師、国講師に任命され、その任にあたったものは、政府から支給される、安居の施料など、私用にせず、当国の官舎におさめ、国司郡司の監査をえて、国内の池や溝の修築、開墾、架橋、造船、植林、蒔《いちび》や麻や草の栽培、穿井、用水等にまわすべきである。「国を利し人を利し、経を講じ心を修め、農商を用いざれ」。

という、六条の制規をたてるので、六条式と名づける。

要するところ、天台法華宗の僧侶については、従来の制度と別に、大乗円教の立場にたった、得度、受戒と僧侶の身分を設定しようというのである。

右の六条式と一対をなすのが、『比叡山天台法華院得業学生式』である。六条式からわずか二日ののちの、五月十五日の日付をもっているこの『得業学生式』では、毎年二人の年分度者のほかに、比叡山の内部において、私に養成しておく学生を、得業学生と呼んでいる。ここでは、この得業学生は、やはり止観業と遮那業にわかち、それぞれ定員を九名ずつとして、計十八名をおき、十五歳以上二十五歳以下のものから採用して、修業年限を九年間としている。

弘仁九年五月の、年分学生式と得業学生式に付して上奏されたものが、『先帝御願天台年分度者は法華経に随って菩薩出家となさんことを請う表』である。天台法華宗年分学生の度受は、比叡山上で勅使の臨席のもとにとりおこない、他宗と区別して菩薩沙弥、菩薩僧と称し、治部省、僧綱のあたまを越して、太政官の直轄下に入ろうという、画期的な提案であった。

年分度者のみならず、その予備軍ともいうべき得業学生もおいて、その学業をすら、止観業と遮那業とにわけたことは、やがて、最澄をはじめとする天台宗教団で、「天台真言その旨一なるがゆえに、一山においてならべて両宗を弘む」という根源をなすものであろう。

一向大乗

六条式、得業学生式に、くだんの表文が付されて上奏されたのは、表文の日付の五月二十一日のことであったであろう。

しかし、五月の制式は、とくに、「慈悲門による」という趣旨から、年分学生らの護国の仕事の面に中心がおかれて、得業学生の立場とあわせた、内面的な修道や、運用の合理性に多少欠けるところがあった。

弘仁九年八月二十七日、『勧奨天台宗年分学生式』八条は、いわば前の学生式の改訂版である。

とくに、得業学生について、定員を十二人とすること、六年を一期とすること、試験の内容は「法華、金光明の二部の経訓」とすること、そしてそうした内部の試験にパスしたものを、年分度者として送り出して、官の試業をうけさせる。ついては、内部試験の合否は、すみやかに官に申告する。あるいは、得業学生の経費は自弁とすること。あるいは、制規に順《したが》わないものは、官に申告して処分する、などなど、得業学生までも公的な立場に置こうという主張が列ねられるのである。

さらに、得度したものは、その年に大乗戒を受け、十二年の籠山行に入るのであるが、前半六年は、「聞慧《もんえ》」すなわち学習を主として、一日の三分の二は仏教、三分の一は外学を学び、六条式に決められたような、長講、法施を行業とするというのである。後半六年は、「思修《ししゅう》」すなわち実践修行に重点をおいて、止観業は『摩訶止観』でいう、常行三昧、常坐三昧、半行半坐三昧、非行非坐三昧の四種三昧、遮那業では、諸尊を仏部、蓮華部、金剛部の三部に区別するが、それぞれに対する祈念の方法を修得させるという。

僧籍については、すでに僧籍を有するものは、それを本寺にそのままにし、身は近江国内の諸寺の経済力の被護下におくが、衣食住等基本的なことは、自力で充足させる。

他宗から、天台法華宗に進むものにも門戸をひらき、所定の階業をへて十二年の籠山を修了すれば、法師位を与えてもらう。

本宗学生で努力精進したものには、大法師位を与えてもらう。充分に成果があがらなくても、十二年の修行を満足したら、法師位を与える。

比叡山の教団には、官から俗別当を二人ずつ派遣してもらい、盗賊、女人など、治安と風紀のとりしまりにあたらせる。

といった内容がもりこまれている。

なかで、再々くりかえされているのは、得業学生の経費を自弁とするために、ときには比叡山の許可状をもって、托鉢することをすすめ、官費の給付が不要であることをいい、制規を乱し、これにしたがわぬものは、厳重に処分することを列ねている。

あるいは、他宗からの入門を規定し、俗別当の設置を提案したところは、より一層、護国の要をにぎる天台法華宗が、その任務に積極的に服することを発表し、官の直轄下にその立場を確固たるものにしようという、最澄の企図を、ありありと読みとることができる。

六条式、八条式と進められてきた、度受の権利の独立と、それによる天台法華宗の立場の昂揚策が、周囲の、とくに従来の仏教の体制のなかで、容易にうけいれられるものではなかった。

光定の『伝述一心戒文』をみると、最澄が天台法華宗を発展させる方途として、純粋に大乗仏教のみを伝える、いわゆる大乗寺の構想を抱いたのは、この弘仁九年のはじめからのことで、二月七日に、光定はこの最澄の構想を、天皇と左近衛大将である藤原冬嗣に伝えたと記している。四月二十一日に、冬嗣は最澄に、雨を祈るよう要請し、あわせて、大乗寺建立の構想について、「須臾《しゆゆ》を待て」と伝えてきている。二十三日に、祈雨をひきうけた最澄は、二十六日から祈禱をつづけ、五日にして、雨の気配をみたのである。このときに、良峰《よしみねの》安世《やすよ》の紹介で、光定は内裏にのぼり、最澄のプランを上奏するが、天皇は僧綱の判断にゆだね、良峰安世からは、僧綱らの反対を伝えて、意見のととのうまでしばらく待つようにという伝言を得たのである。

顕戒論の主張

『叡山大師伝』に伝えるところによれば、最澄は、弘仁九年の暮春に、「今より以後、声聞の利益を受けず、永く小乗の威儀にそむくべし」と、いわゆる小乗戒を棄捨する発言をしたという。その主張は、さきにみた、六条式、八条式をつらぬく、度受を比叡山上で独立しておこなうという制式に連結する。

しかし、依然として、弘仁九年のうちに、最澄の構想が容認されたわけではなかった。弘仁十年（八一九）三月十五日、最澄は、『大乗戒を立てんことを請う表』とあわせて『天台法華宗年分度者回小向大式《えしょうこうだい》』四条を上表したのである。

この四条式では、仏寺に、一向大乗寺、一向小乗寺、大小兼行寺の三種がある、仏寺の上座に、一向大乗寺は文殊菩薩、一向小乗寺は賓頭盧和尚、大小兼行寺では、大乗、小乗の布薩の日にそれぞれ、文殊、賓頭盧を上座とすること、仏戒に、大乗大僧戒、小乗大僧戒の二がある、仏受戒の面からいえば、大乗戒のやりかたと、小乗戒のやりかたとの二がある、と区別をたてている。そして、「伏して乞う、陛下、この弘仁の年より、新たにこの大道を建て、大乗戒を伝流し、而今而後を利益したまえ」というのである。

この四条式では、六条式、八条式では国家の仏教政策のうえでの新しい天台法華宗の位置づけをいっていたことに対して、明確に、天台法華宗年分学生は、一向大乗寺に止住させ、文殊菩薩を上座とみる大乗菩薩僧であり、『梵網菩薩戒経』にもとづく、十重四十八軽戒の菩薩戒を受け、その受戒の戒儀は、『観普賢菩薩行法経』にもとづき、釈迦牟尼仏を戒和上《かいわじょう》とし、文殊菩薩を羯磨阿闍梨《かつまあじゃり》とし、弥勒菩薩を教授阿闍梨とし、十方一切の諸仏を証師とし、十方一切の菩薩を同学の等侶《なかま》とし、現前の一伝戒師を現前師とし、やむをえぬ事情下では自誓受戒させるという、純粋一向に大乗の制規のなかで修学させるという、教理的な位置づけをした提案であった。

『大乗戒を立てんことを請う表』では、年分度者の得度の日を、桓武天皇の忌日に行うことを提案している。

『伝述一心戒文』によれば、三月十七日現在、天皇の裁可はおりず、藤原冬嗣を通じて太上天皇（平城天皇）にも最澄の意は伝えられ、僧綱に諮問され、四条式は真苑雑物《まそののぞうもつ》から七大寺へ伝えられ、それぞれの反応は、天皇のはからいで、最澄に伝えられたのである。

弘仁十年五月十九日、護命《ごみょう》、長慧《ちょうけい》、勤操《ごんぞう》、施平《せひょう》、豊安、修円、泰演らが、『大日本六統表』を上表し、最澄は、これをうけて『顕戒論』を著わしたのである。

『顕戒論』では、六統表を掲げては、それを対破するという手続きがとられるが、ほぼ四条式の順に整理されている。

上巻には、三種の仏寺についてのべている。初修業のものは、はじめ深山に住し、得業以後、化他《けた》のゆえに仮りに小律儀を受けるということが、ここでいわれてくる。

中巻は、仏寺上座の論である。最澄が唐におもむき、かつ帰朝後空海と交際して得た、不空の上表による唐制が参考されている。われわれにとって、菩薩というものは、観念的なイメージであるが、最澄の場合、天台法華宗の僧の具体的立場であり、名称であったことは、注意すべきことである。

大乗菩薩僧の役割りは、中巻から下巻にかけて論じられる。四条式でも強調されるが、天台法華宗に大乗菩薩僧が輩出することは、未然の災害を冥滅させ、いついかなるときでも、効験あらたかな祈雨の僧を得ることができて、国家の安全が具体的にはかられる、というのである。

われわれは、とくに大乗菩薩僧の、災を攘《はら》う功力を強調する部分で、最澄の時代である古代人の意識に立ってみなければならない。単なる言辞の修飾でなく、僧の祈禱の力は実質的に期待されていたのであり、さらにつっこんでいえば、最澄の一連の主張さえも、ただ天台法華宗の消長を憂えて発言されたというのではなく、そこに、従来諸宗にない効験の威力をもりこんで、この時代の国益に貢献しなければならないという、真剣な使命感が存していたのである。

およそ、天台法華宗年分学生の育成に関する学生式の主張は、『顕戒論』巻上の趣旨とあわせ考えてみると、おのずからあきらかなように、いわば確固とした一人前の僧、いわゆる「久修業《くしゆごう》」菩薩僧になるまでは、仏道体得に効率の高い、強力な大乗仏教のなかで、菩薩の純粋培養をはかるべきであるという、『願文』以来の周到な配慮から発したものであることに気づかされる。

しかし、たとえ「初修業」菩薩僧にかぎった所制であっても、最澄の生前に、この構想は、ついに実現をみなかったのである。

三一権実《さんいちごんじつ》

六所宝塔

南北朝から室町時代ごろの、『延暦寺護国縁起』巻中でしかみられなかった、最澄の六所宝塔の構想は、景山春樹氏らによって、『日本国大徳僧院記』（弘仁九年比叡山寺僧院等之記）が発見公刊され、最澄の当初の計画として確定することができた。

安総の近江宝塔院、安中の山城宝塔院は比叡山中にあり、安東は上野宝塔院で、上野国緑野《みどの》郡、安北は下野宝塔院で、下野国都賀郡、安西は筑前宝塔院で、筑前国は太宰府の近く、安南は豊前《ぶぜん》宝塔院で、豊前国宇佐郡香春《かわら》神宮寺にそれぞれ建立するというものである。ひとは、下野国薬師寺、筑前国太宰府観世音寺の、二つの戒壇に接近して、二基ずつの宝塔を企画した最澄の心底に、なみなみならぬ自負と、構想のひろがりをみいだしている。

天台法華宗が、装いも新たに、次の飛躍にむけて胎動しはじめた、弘仁九年（八一八）という年に、六所宝塔の構想がまとまったことは、彼此の関係は無縁なものではないであろう。東大寺を中心とした『金光明経』ないし『華厳経』の一乗思想にもとづく、国分寺の制度とべつに、新しい『法華経』の一乗思想にのっとる、ネットワークを企図したものでなくて、なんであろうか。

最澄が、入唐成功の神恩に報謝すべく、九州におもむいたのは、すでに、弘仁五年（八一四）の春のことであった。豊前国は宇佐八幡と、香春の神宮寺に詣でたのである。伝記には、このとき千手菩薩像や『大般若経』とともに、一千部の『妙法蓮華経』を造ったとするから、すくなくとも、西国に一基の宝塔は造られたはずである。

東国へ最澄が巡化するのは、かの道忠の一党との因縁によったようである。それは、弘仁七年（八一六）五月一日付の泰範へ宛てた手紙に、「来春の節をもって、東遊して頭陀し」と記していることからみて、翌弘仁八年に決行されたものであろう。

『叡山大師伝』によれば、東国で、法華経を二千部書写し、下野の大慈院と、上野の緑野寺に宝塔を建立したという。

とくに、東国にあって、下野から上野へと巡錫する間に、『比叡山延暦寺真言法華宗第三法主慈覚大師伝』（三千院蔵）によれば、下野で五万余人、上野で九万余人が参集してそれぞれの宝塔落成を慶賀したという。

こうして、最澄の天台宗弘教は、意欲的にはじめられたことをみるが、さきに記した、最澄将来の天台法門の装潢《そうこう》が成ったのは、弘仁六年（八一五）のことであって、この三月に七大寺に新写の天台法門が安置されたことを、あわせ考えておくべきである。

最澄の、比叡山を中心とした、天台法華宗年分度者の、独立した養成をめざした学生式の構想も、いよいよ天台法門が根をおろしたという背景をもって、声高く主張できたのであり、これからのべる、天台法華宗への批判がおこなわれはじめるのも、天台法門の普及をみた、このときからのことである。

天台宗批判

これまでの研究者は、最澄と法相宗、とくに会津恵日寺の徳一《とくいつ》との論争は、その発端を、弘仁四年（八一三）にあらわした、『依憑《えひょう》天台義集』と、『通六九証破比量文』あたりにあると指摘している。

『依憑天台義集』は、諸家が天台の宗義にのっとって仏教をみていることを、例をつらねているものであり、『通六九証破比量文』は、基（六三二―六八二）の『成唯識論掌中枢要《じょうゆいしきろんしょうちゅうすうよう》』を批評した書物である。とすれば、論争をしかけたのは、むしろ最澄であったということにもなろう。

徳一は『仏性抄』をあらわし、『法華経』は、仏が密かな意図のもとに権《かり》に説いた方便の経で、聴き手のねがいに応じた低い次元にさがった経であるという。

『恵日羽足《えにちうそく》』では、源信の『一乗要決』に引く断片から推すと、法身というみかたにたてば、仏も、修行者である声聞とか縁覚という部類の段階のものも平等であるといえようが、世親の『法華論』のいうように、悟りを求める方途に現実にはちがいがあって、声聞とか縁覚の区別が生じることをいい、そのなかには、仏の性根を失った、無性有情の存在をみとめるべきだとして、ついには悟りをひらけないもののあることを主張している。

ほかに、『中辺義鏡《ちゅうべん》』では、天台の『法華経』に関するみかたを批判するのである。ひとつは、『仏性抄』とおなじく、『法華経』は、方便権教であると判じ、所説の声聞とか縁覚には、それが定まった根性で、それ以上に心を回らし、悟りへむかうことのできない定性二乗のやからがある等というのである。

また、『遮異見章』では、やはり、『法華経』を密権方便の教と判ずるみかた、定性二乗の成仏についてなどがとりあげられているようである。

徳一の、その十六部余の著作のうちで、いまに残るものは、『真言宗未決文』のみにすぎないが、以上のような著作の内容は、逆にそれを対破した、最澄の側の著作中に散見されるのである。

その主張を概観すれば、ひとつは、天台法華宗が依るところの、『法華経』への評価の低さである。第二は、仏道修行者を、仏陀に顧従してその語を直接聞かんとする声聞と、ひとり縁を得て忽然《こつぜん》と悟る縁覚と、みずからをたかめ同時に他をたかめようという、大きな慈悲に立った菩薩とがあって、このうち、声聞と縁覚には、その根性をめぐらして向上する資質のない、声聞定性、縁覚定性とよばれるものがあり、ついに成仏をなしとげることができないのだという、五性各別説、定性二乗不成仏説などがあらわれている。

法華一実

たしかに、天台法華宗の立場と教義が、他にすぐれ、他家の多く依るところだという主張から、法相宗などの奈良の諸宗が反駁を開始したようにいえば、論争の出発点は、かなり以前におくことができよう。しかし、とくに、三乗と一乗の権《かり》の教えか、真実の教えかという論争は、やはり、天台法門が七大寺をはじめ、諸寺の学僧の目にふれて、その研究がおこなわれてのちの、かの最澄の東国行の直前におこなわれた、大安寺での講筵《こうえん》あたりに端を発するといってよかろう。

大安寺での天台講演は、弘仁六年八月のことで、和気氏の招請によるものであった。その論場の活発さと、ことによれば、最澄に対する奈良諸宗の学僧の攻撃的な姿勢は、『叡山大師伝』がたくみに表現している。

そして、その直後に決行された東国行の途次、最澄は、徳一の『仏性抄』にこたえて、『照権実鏡《しょうごんじっきょう》』を著わしたという。『照権実鏡』で最澄は、徳一が『法華経』を指して、権《かり》の教えである、方便の教えであると主張するのに対して、十鏡を列ねてこれを破するのである。『法華経』が、古今真実の経であるとの諸説をつらね、そこに説かれる一乗円教こそ、最勝であり、真実であり、仏陀の説かんとしたところであり、声聞、縁覚、菩薩と、仏教者を三段階に区分けする考えかたこそ、方便権教であるとするのである。

『守護国界章』三巻のなかでは、定性二乗は成仏できないという、徳一のみかたに対しては、

衆生の機、わかくして、一を聞くに堪《た》えざれば、一仏乗において、宜《よろ》しきに随って三を説き、仮りに五性定性の不成を立つ。三乗の学者、よく仏意を得《う》。しかしていま、麤食者《そじきしや》は、宜しきに随っての三、定性の二乗は究竟して成ぜずを執して、仏意を解せずして三乗の諍《あらそ》いに堕す。このゆえに、まさに知るべし。汝が法相宗は、宜しきに随っての三なるゆえに、これ権にして実にあらず。わが法華宗は、究竟の一のゆえに、それ実にして権にあらざることを。

といっている。あるいは、『法華経』を、他の経典と並べて、その評価を相対的にくだそうとする徳一の考えかたに対して、

それ、「一仏乗において」というのは、根本の法華経なり。「分別して三を説く」とは、隠密の法華経なり。「ただ一仏乗のみあり」とは、顕説の法華経なり。妙法華のほかにさらに一句の経もなく、ただ一乗のほか、さらに余乗等なし。

と三種法華論を提唱して、『法華経』こそ、仏陀の究極の説、仏陀の真実の教説であることを顕揚するのである。

ほとんど、最澄と徳一との仏性論争の最後に位置するのは、『法華秀句』三巻である。インド、中国にわたる、仏性に関する論争の経過を概観し、『法華経』には、十ヵ条のすぐれた点があり、「しかるに法華経は、常住仏性をもって咽喉となし、一乗の妙行をもって眼目となし、再生敗種をもって心腑となし、顕本遠寿をもってその命となす」などと、『法華経』の位置を評価するのである。

最澄のひっさげた一乗仏教に対する批判を整理し、一言にしていえば、仏性のとりあつかいが論争の主流である。天台宗は、『涅槃経』の「一切衆生、悉《ことごと》く仏性あり」の考えかたを用い、仏陀の大慈悲のきわまるところ、そこにありとして、これからさき、比叡山を母胎として生まれていく、鎌倉仏教諸宗はもちろん、日本人の常識にまで実を結ばせたのであった。

5　天台教団の充実

最澄の弟子たち

大乗戒聴許

最澄は、弘仁十三年（八二二）のはじめから、病に臥していたようである。「最澄法師重病を受く、命緒幾ばくならず。伝戒を許されざれば、先帝の御願成就せず。最澄法師唐に入り、三学（戒、定《じょう》、慧）の旨を受く。かの事成ぜざれば、戒を伝えられず」。これは、光定が、この年の三月十七日、あたかも先帝こと桓武天皇の国忌の日に、最澄の大乗戒請立の表文が、天皇の身辺にただおかれたままで、処置されていないありさまをみて、天皇へ督促したことばである。その切迫した最澄の容態が、ありありと伝わってくる。

天皇は、光定に対して、六宗の法師が、最澄の上表を容認しないことを、光定に語って聞かせたのである。かつて、弘仁十年の三月二十日に、一向大乗寺のプランをもって、僧綱の護命を訪れた光定は、そのときすでに、同意の署名を拒まれているから、六宗の拒否反応はわかっているところである。

光定は、『顕戒論』を表進し、大乗戒建立を計画していることが、「天台一宗に約して、六宗に約さず」という意図を伝えることになる。天皇は、それならばさしつかえないのではないかという理解を、ここに表明することになるのである。

四月、最澄は、滅後は喪に服さぬこと、酒を薬としても飲むな、女性を寺に近づけるな、大乗経の長講、四種三昧の相続、灌頂や護摩執行などを守るようい、「ただわれ鄭重（いくたびも）にこの間に託生して、三学を習学し、一乗を弘通せん。もし心を同じうするものは、道を守り道を修め、あい思うてあい待て」と遺誡する。そして、「心形久しく労して、一生ここにきわまる」と述懐して、後事を義真に託したのは、五月十五日のことであった。このときは、印書を義真と円澄とに与え、「道、人を弘め、人、道を弘む。道心のなかに衣食あり、衣食のなかに道心なし」といって、上﨟《じょうろう》を教団の首とすべしといったと、『伝述一心戒文』巻下に記されている。

「わがために仏を作ることなかれ、わがために経を写すことなかれ、わが志をのべよ」との遺命とともに、喪に服すことをいましめたのは、最澄が、天台宗の中国の開祖である智顗（天台大師）や不空の遺命にならったものであろう。

弘仁十三年（八二二）六月四日、辰の刻（午前八時）、比叡山の中道院において、最澄は五十七歳の生涯を卒《お》わる。

その日から数えて、初七日忌の十一日のことである。勅使が比叡山に登ってきたのである。その手には、最澄念願の、大乗戒を立てることを聴《ゆる》す牒文が携えられていたのである。

遮那業運営と空海

最澄と空海の交渉は、『伝教大師消息』といった名でまとめられた書簡集のなかから、ありありとうかがわれる。

世に喧伝《けんでん》される、両者の交際の途絶理由は、その書簡のなかからいわれることである。要約すれば、その第一の理由は、泰範が空海のもとにはしって帰ってこなくなったことである。第二は、最澄が『理趣経』の注釈書である『理趣釈経』を借りたいと申し込んだのに対して、空海がこれを拒絶したことである。

泰範が、突如、最澄にあてて暇を請うてきたのは、弘仁三年（八一二）六月二十九日のことであった。いま、京都の青蓮院《しょうれんいん》に、この年の五月八日付の『弘仁三年遺書』と呼ばれる、最澄の遺言状が残っている。それには、最澄が病にあって、後事を託するに際して、泰範を山寺の総別当としたいといっている。そのわずか一ヵ月半あまりののちに、泰範は、その期待に応えられないことをのべて、空海のもとにはしったのである。

「ともに仏慧を期せん」「老僧最澄生年五十、生涯久しからず……然るに法華一乗、真言一乗、なんぞ優劣あらん。同法同恋これを善友という」。切々たる呼びかけに対して、泰範は、空海に代筆をたのんで、「泰範いまだ六浄除蓋の位におよばず。たれかよく出仮利他の行に堪えん。利他のことは、ことごとく大師に譲りたてまつる」と、きっぱりとことわりの手紙を送ってきたのである。

『理趣釈経』の件は、最澄が、弘仁四年（八一三）十一月二十三日に、これを借りたいと申し入れたことにはじまる。『続遍照《へんじょう》発揮《ほっき》性霊《しょうりょう》集《しゅう》補欠鈔』巻十にのこる、「叡山の澄法師、理趣釈経を求むるに答うる書」には、「秘蔵の奥旨は、文を得るに貴しとせず、ただ心をもって心に伝うるにあり。文はこれ糟粕、文はこれ瓦礫なり」として、書物の借覧によって密教の奥義を学ぼうとする態度を、いさめているのである。

近年、赤松俊秀博士によって、泰範の一件と『理趣釈経』の一件にかかわる、空海の書簡が、「澄法師」とよびかけていることは、てがみの礼儀のきまりとして、最澄に対して発せられたものとするには、不適当だとされて、「澄法師」とは円澄のことであろうとされている。つぎにみるように、そのとおりかもしれないが、いずれも、最澄の発意を拒否する点において、その内容は、最澄に対していわれていることには、かわりがない。

一連の『伝教大師消息』のはじめに、天長八年（八三一）九月二十五日付の『天台最澄和尚弟子等奉阿闍梨書』が付された伝本がある。そこには、円澄、徳円、南覚など二十人あまりが連署している。その内容は、弘仁四年正月に、密教を勉強させるために、最澄はその弟子たちを、空海にあずけたけれど、比叡山教団でわずらわしいことがおこって本意がとげられなかった。ついては、事情は安定したから、ふたたび、先師最澄の遺命をはたすために、密教の勉強をさせてもらいたいと、空海にねがいでたものである。

天台宗では、言下にこの文書を否定するが、『消息』のなかには、弘仁四年正月十八日に、円澄を空海のもとに貢進した一通もあるし、『伝述一心戒文』巻下には、円澄が「耳順《じじゅん》の年」に最澄のあとをついで、空海から「真言の大道」「一一の戒契」を学んだというから、『円澄求法書』は事実を伝え、それが空海にうけいれられたともとれる。

空海は、弘仁年中のはやくから、仏教を顕教と密教にわけ、密教がもっともすぐれた教えであり、顕教には、天台法華の教学も包含されてしまうことをいっていて、やがては、両者はあいわかれる運命にあるが、天台法華宗の遮那業の教育には、空海の指導があずかって力あったと、いうべきであろう。

教団の主導権

最澄の用いたよびかたに、「同法」ということばがある。おおむね、これまでの登場人物に対して、「同法」の名が与えられている。たとえば、義真にしても、円澄にしても、泰範にしても、それぞれ、当時の僧制のなかで、得度し受戒した、大僧であって、最澄と同等の地位にいるものたちばかりである。

最澄の比叡入山の動機を、まえに詮索してみたが、そのさい、志を同じくして山に登り、あるいは、のちに比叡山教団の事情を知って、はせ参じたひとたちばかりである。

やがて、こうした同法のほかに、比叡山上で得度し受戒するものたちがあらわれてくる。こうした教団において、最澄滅後のリーダーを、だれにするかは、ひとつの問題点である。さきに紹介した『弘仁三年遺書』においては、泰範を総別当、文書司兼任、伝法座主は円澄と定められている。『伝述一心戒文』巻下の、光定の天長十年（八三三）十月二十四日の表文によれば、弘仁四年（八一三）、義真が相模国から帰ってくるにおよび、弘仁十三年（八二二）の段階では、最澄は付法印書を義真に授けるにいたるのである。ときに、光定は、円澄と義真とふたりながらに付法を託されたが、どちらを、衆の首となすべきかを問い、最澄は、上﨟をこそ衆首とすべしというのである。かくて、義真がまず伝法師の地位についたのである。

弘仁十四年（八二三）二月二十六日、比叡山寺は「延暦寺」の寺号も送られ、三月三日には、別当として藤原三守、伴国道が任じられて、着々と得度受戒権の独立がはかられていった。いよいよ、三月十七日、桓武天皇の命日である国忌にあたって、二人の年分度者が得度し、四月十四日、義真を伝戒師として、最澄宿願の、比叡山上における、大乗菩薩戒授戒会が挙行されたのであった。『叡山大師伝』によれば、この新制のもとでの授戒者は、十四人にのぼったという。

いま、延暦寺に、国宝に指定された、嵯峨天皇の染筆になる、光定の戒牒が残っている。釈迦如来を戒和上として請じ、文殊菩薩を羯磨阿闍梨として請じ、弥勒菩薩を教授阿闍梨として請じ、十方一切の如来を尊証師に、十方一切の菩薩を同法としてまねくという、最澄の四条式所制のままに、この授戒会はおこなわれたことが知られる。「現在伝戒師前入唐受法比叡山延暦寺天台付法伝灯満位僧義真」の名と、ふたりの別当の名が、末に書きつけられている。

いちおう、義真に伝法師の座を先にゆずった円澄を擁するものたちにとって、義真が後事をみずからの弟子すじである円修に託するにいたって、教団の内部に批判が高まっていった。『天台法華宗学生名帳』によれば、円修はこのときあたりまで、比叡山を出て、高雄山寺の空海のもとにあったひとである。あれこれの条件は、円修の座主職を義真の私授として、和気真綱が仲介してこれを停め、円修は室生寺へ移ったのである。

円澄が、伝法師となったのは、承和元年（八三四）三月十六日であった。義真が没したのはその前年の天長十年（八三三）七月四日のことであった。およそこの間八ヵ月あまり、せっかくの最澄のねがいがみのってはじめられた大乗戒の伝戒に、一抹のかげりがよぎったといわなければなるまい。

やがて、入唐求法をはたして、天台の密教を拡充することになる、円仁と円珍は、円珍が義真の弟子であるところから、比叡山の教団の隠然たる二大派閥の中心的位置におかれる。延暦寺を中心とする山門派と、園城寺を中心にかたまっていく寺門派と、教団は内訌《ないこう》をくりかえして分裂する。それを円仁門徒と円珍門徒の抗争とするが、むしろその根本的な源は、いまみてきたような、この時点の教団の状勢に発しているものといえるであろう。

円仁の業績

円仁のひととなり

円仁の出身地は、いまの栃木県、下野国都賀郡。延暦十三年（七九四）の誕生である。生家のすぐちかくに、大慈寺があり、ここには、鑑真一門の道忠の弟子、広智がいた。円仁の伝記では、その誕生にあたって、紫雲がたなびき、これを望見した広智が、偉才の誕生と感じてさっそく訪問し、その子の将来をひきうけるというエピソードがはじめに語られている。生家は壬生氏、この伝記をもとにして、誕生地が探索されているが、諸説にわかれている。

父をはやく亡くし、兄に教育をうけていたが、九歳にして約束どおり広智にあずけられることになる。

大慈寺の経蔵で、『観世音経』（妙法蓮華経観世音菩薩普門品。観音経）を読み、一躍仏教のとりことなったのである。円仁が、最澄の夢をみたというのは、ちょうど、大慈寺に学んでいたときのことである。

大同三年（八〇八）、円仁十五歳にして、広智にともなわれて、比叡山に登り、最澄にまみえるのである。最澄は、円仁の人物をみこんで、そばちかくに侍らせて、親しく指導をし、重用したのであった。

たとえば、十人の学生をえらんで、『摩訶止観』を一巻ずつ学ばせることとして、そのひとりに円仁をえらんだりもした。まえにみた、得業学生の制度のもといをなす、教育指導の方法ということになろう。そして、弘仁五年（八一四）の年分度者に、最澄は円仁をあてるのである。ときに定められた学業は、止観業であった。

伝記によれば、弘仁八年（八一七）におこなわれた、最澄の東国ゆきの場合には、円仁はこの師にしたがって、下野、上野におもむき、ひさしぶりで故郷にもどることになるのである。『法華経』二千部を書写して、両国へ宝塔を造ろうとする最澄は、かの地で盛大な講演をおこない、伝法灌頂をもおこなって、円仁はその灌頂を受けたひとりとなったのである。

いよいよ、最澄が心血をそそいだ、大乗戒壇建設の計画は、その最澄の滅後、いちはやく朝

慈覚大師円仁　一乗寺蔵

廷から聴許され、弘仁十四年（八二三）四月十四日の、比叡山の教団としては公式にはじめての、大乗菩薩戒の授戒会が行われたわけである。円仁はこのとき、教授阿闍梨をつとめたのであった。

最澄なきあと、円仁は、三十歳から三十五歳まで、静かに比叡山上で修学をつづけたのであった。しかし、その力量が、当時の教団のなかで秀でていたので、しきりと対外的な説法利生をすべきであると周囲がすすめ、天長五年（八二八）、奈良の法隆寺に、大阪の四天王寺に、説法の座を設けたのであった。

伝記には、四十歳ほどで、眼はくらみ、身体がつかれ、比叡山の北方の峰づたいに隠棲することになったと記している。比叡山を三塔にわかつ、横川《よかわ》の開発は、ここにおこなわれたのであった。

円仁は、横川で、夢に不死の妙薬を得たと感じ、その病気が治癒していったので、『法華経』一部を書写することを発願し、完成のあかつきには、小さな塔におさめ、如法堂にこれを収めた。『法華経』の修行法のひとつとして、後に盛大となる、如法写経の行儀は、こうして円仁によってはじめられたのであった。

円仁入唐

円仁のこれまでのあゆみは、まさしく、止観業を中心とするものである。最澄が円仁に付託したことがらも、「俗諦《ぞくたい》の不生不滅」、すなわち、現実世界のうえに、仏法の理想が厳然と実現されるようにとりはこぶといった、重大なものであった。

円仁は、承和二年（八三五）、ちかごろ遣唐使派遣のはなしがはじまっていることを聞かされる。『続日本後紀』によれば、その前年の正月十九日に、藤原常嗣を大使に任命して、副使に小野篁《おののたかむら》、ほかに判官四人、録事三人がそれぞれ決定している。

円仁の伝記には、よく夢の話がでてくるが、このときも、最澄が夢枕にたって、航海は苦難が多く気のどくであるが、唐へ円仁を求法のためにつかわしたいといい、夢さめてのち、勅使が請益僧に任命するむねを伝えてきたという。

『慈覚大師伝』は、菅原道真の女《むすめ》が嫁した斉世《ときよ》親王、すなわち、道真の一件で入道した、寛平入道親王真寂《しんじゃく》と、その業をついだ、息子の源英明の撰である。とくに、円仁が入唐を決意する部分では、夢に最澄を出して、旅装、求法内容など、微細にわたってその指示をあおいだことを書いている。入唐ということのむずかしさ、比叡山の教団が背負っていた課題と期待、そうしたものを、伝記作者は、最澄の夢告に象徴させたものかもしれない。

円仁には、世界に比類ない、当時の唐旅行記、『入唐《にっとう》求法巡礼行記』四巻がある。

承和五年六月十三日、午の時。第一第四両船、諸使、舶に駕し、順風無きにより、停宿三箇日。十七日夜半、嵐風を得て帆を上げ、艫を揺らして行く。巳の時、志賀嶋の東海に到る。

これが、その書き出しである。この数行のなかに、入唐行のさきゆきの艱難《かんなん》がおしはかられようと、いうものである。

円仁は、七月二日、唐の揚州海陵県に着き、ここで宗叡から悉曇《しったん》を学び、全雅に会って金剛界曼荼羅と、金剛界法とを受学する。この揚州開元寺にあっては、天台宗ゆかりの天台山行を希望しながら、ついにその許可が得られなかったのである。

翌、承和六年（八三九）、唐の開成四年、楚州へむかい、天台山行は許されず、しかし、円仁は唐に留まろうと努力を重ねるが、ついに帰国ときまってしまう。しかし、船は登州に漂着し、ふたたび発して、六月七日、赤山に到るのである。

七月、五台山巡礼を企図し、赤山院における『法華経』の講会に参加して時をおくり、あけて開成五年（八四〇）二月、ようやく公牒を得て五台山にむかうのである。

当時の中国の里程にして二千百五十里ほど、四月二十八日に、五台山を望見する停点普通院に到り着いた。

五台山にあっての収穫は、法照の流れをくむ、五会念仏の行儀にふれてこれを伝えたことであろう。

七月一日、五台山大華厳寺をあとにした円仁は、唐の都である長安にむかうのである。長安の東郊にある章敬寺に着いたのは、八月二十日のことで、城内に入り、到着を申告したのは二十三日であった。

長安での求法は、密教に力がいれられた。

九月六日のことである。懐慶という僧が円仁を訪れ、長安における密教の権威を教えてくれる。青龍寺の法潤《ほうにん》、大興善寺の文悟、青龍寺の義真、大興善寺の元政、大興善寺の難陀、大安国寺の元簡、玄法寺の法全《はっせん》と名があげられる。そして、法潤は年老いており、難陀は唐語が通じない。文悟は元政に力量において劣っている。こうした懐慶のもたらしてくれた情報によって、円仁の長安での受法が計画されたのである。

十月十七日、円仁はさっそく元政を訪ね、密教法門を借りて写しはじめ、二十九日には金剛界大法の灌頂を受けている。そして、その年末からあくる開成六年（八四一）二月までに、金剛界大曼荼羅を写しおわって、十三日に金剛界の伝法灌頂を受けている。

こののち、興唐寺、大興善寺翻経院での結縁灌頂にも参加し、四月四日、いよいよ青龍寺東塔院におもむき、胎蔵界曼荼羅を拝し、これを写すことを計画し、義真を訪れるのである。あわせて、青龍寺の金剛界九会曼荼羅も写している。『入唐求法巡礼行記』のこの五月三日の条に、

この日、青龍寺において、供養を設け、すなわち、勅置本命の灌頂道場において、灌頂を受く。花を抛《な》げ、始めて胎蔵毗盧遮那経の大法と、兼ねて蘇悉地大法を受く。

と書いてある。ここに、天台の密教の特色をなす、蘇悉地大法を円仁は受法したのである。

つづいて、会昌二年（八四二）二月二十九日には、玄法寺の法全から胎蔵界の大法を受け、別尊法なども授けられるのである。また、大安国寺の元簡からは、悉曇の不審点の教示を得たのである。

円仁の仏教

会昌二年（八四二）六月の、道士と僧との対論以来、武宗は道教にかたむき、諫言した皇太后を薬殺したばかりか、僧侶の還俗をすすめ、会昌五年（八四五）には、外国僧まで還俗の対象となり、こうしたなかで円仁は、俗人に身をやつして、五月十五日、夜陰にまぎれて長安城をあとにし、ひそかに多数の見送りをうけ、鄭州、楚州、海州、密州を経て、八月十六日、ようやくにして登州に到着した。しかし、帰国はままならない。ついに、会昌六年（八四六）をむかえ、その四月十五日に、武宗の崩御が伝わってくる。あけて大中元年、時うつって六月、登州から明州を出て日本へむかう便船をめざしたが、間にあわず、新羅人の金珍の配慮を得て、ようやくに九月二日、赤山から日本へむかうことになるのである。十日夕刻、肥前国松浦郡の鹿嶋に到着したのである。

円仁が日本を発って以来、九年二ヵ月、文字通りいのちがけの入唐求法であった。

止観業を専攻した円仁が、かの地で得た法門の大部分は、密教にかかわるものであった。いま、円仁の、『日本国承和五年入唐求法目録』『慈覚大師在唐送進録』『入唐新求聖教目録』といった、入唐将来経論章疏道具のリストを、空海の将来録である『御請来目録』と比較してみると、およそ百部あまりの将来部数のうち、九十部が重複している。すなわち、この数字に、これまでみてきた、比叡山の教団にとっての、遮那業にかかわる部分における、たちおくれを挽回しようという意識が、強く働いていることを、ありありと感じることができるのである。

円仁は、承和十五年（八四八）三月に帰山すると、将来の法門を一山僧徒に披攊し、六月十五日、国家のために灌頂を修することを請うて、太政官符をもってゆるされている。その二十七日には、最高の僧位である、伝灯大法師位にすすんでいる。

嘉祥二年（八四九）五月、前年の勅許による灌頂を修し、いよいよ、円仁の活躍がはじまる。

嘉祥三年（八五〇）十二月十四日、最澄の設けた遮那経業に加えて、金剛頂経業と蘇悉地経業の年分度者を乞い、さらに十六日には、止観業にも二人の年分度者を加えて、法華円教と密教との専攻者数の均衡をはかり、比叡山に、都合六人の年分度者を認めさせたのであった。

この、密教にかかわる事績としては、仁寿元年（八五一）の『金剛頂大教王経疏』七巻の撰述と、斉衡二年（八五五）の『蘇悉地羯羅経略疏』七巻の撰述とを挙げなければならない。嘉祥三年末に認められた、金剛頂経業と蘇悉地経業の年分度者の教育にかかわる著書であることはいうまでもないが、この二つの経典に対する注釈書としてははじめてのものであることにも、仏教思想史上、高い評価を与えなければなるまい。

円仁の密教に対する考えかたは、この二著に網羅されるものであるが、天台円教と真言密教と、ともに一乗の教えとして同致したものであるという、最澄以来の比叡山教団の宗是を、理論づけている。かつ、仏がさまざまな法門を説くとも、その帰するところの趣旨は一つだとして、円教と密教を包含して絶対的位置を与えた一大円教論は、長安の僧たちの示唆にもとづいてうちたてた、円仁独創の見解であり、わが国の天台宗の教理思想の、今後の展開に、基礎を与えるものであった。

円仁の功績として数えるべきものは、仁寿元年にはやくも開始した、五台山で学んだ法照流の念仏の移植がある。常行堂に、韻律の華麗な念仏を不断に唱える方法は、「山の念仏」として一世を風靡し、やがて、平安時代後期の念仏の盛行、浄土信仰の発展をうながすのである。かつ、かの地における仏教行儀の見聞と、法儀の輸入は、日本天台に発展する法華懺《ほっけせん》法《ぼう》、引声《いんせい》などや、梵唄《ぼんばい》の基礎をつくっている。

舎利会の開始、先出の如法写経会など、円仁にはじまる比叡山の行事は数多い。また、淳和太后に菩薩戒を授けるなど、天台宗のあらゆる面で、開かれた体制が進むのも、円仁の行業の特記すべきところである。大久保良順教授は、これらは、最澄の依嘱した、俗諦の不生不滅を具体化せよとの遺志を実現したものであると、指摘されている。

比叡山の教団で、はじめて座主と称し、仁寿四年（八五四）四月から、貞観六年（八六四）一月十四日に遷化するまで、その任にあった。

円珍の役割り

円珍のひととなり

円珍の伝記としては、三善清行《みよしきよゆき》の『天台宗延暦寺座主円珍伝』がある。著者の跋文によると、ことのほか円珍の愛顧が深かったので、それにこたえて、門弟らとはかってこの伝記を編んだという。ときに、延喜二年（九〇二）冬十月のことであった。

伝記によれば、円珍は、讃岐国（今の香川県）那珂郡金倉郷出身。歿年より逆算すれば、弘仁五年（八一四）の生まれ。母は、空海と縁つづきの佐伯氏である。

八歳にして、父にせがんで、『因果経』を習うといいだし、十歳で、『毛詩』『論語』『漢書』『文選』を学び、十四歳で家をあとにし京へ上っている。

その翌年、叔父の仁徳が円珍をつれて比叡山に登り、義真にその教導を依頼したのであ

智証大師坐像（中尊大師）　園城寺蔵

る。「この子は、なかなかの人物らしいが、力量のないわたしでは、この子の長所短所もみわけられない。是非、碩学のおちからで、大成させてやってくれ」というのが、叔父仁徳の義真に語った感慨であり依頼であった。

伝記によれば、天長九年（八三二）に、年分度者として試験を受け、これに合格して、得度したようにいう。また、伝記には、『大毘盧遮那経』等の試験であったと記すから、遮那経業の年分度者であったわけである。園城寺に、天長十年三月二十五日付の、円珍の度縁が残っている。旧北白川宮家文書にはまた、四月十五日付の戒牒がある。最澄の学生式によれば、得度の年に受戒することになっているから、その趣旨で、得度、受戒が近接しているものであろう。こうして円珍は、天長十年から、十二年一紀の所制の籠山行に入るのである。

円珍籠山の間には、天長十年、師の義真は寂し、承和二年（八三五）に空海、同四年に円澄が歿している。承和五年、円仁が入唐している。円珍が籠山をおえたのは、承和十一年（八四四）のことであった。かくて、翌々承和十三年、円珍は推されて一山の真言学頭となっている。伝記では、漠然と「自宗の学頭」とするが、園城寺にのこる七月二十七日の、延暦寺政所の牒によれば、「真言学頭」となっている。所制の年分度者の学業から推して、そのほうが妥当であろう。

この年の十月、松尾明神の社頭に誓願して、「聖主を翊《たす》け、下《しも》、率土を鎮めんがために」「願わくは我れ、毎年五月八日、十月八日、比叡明神の社頭において、法華、仏名《ぶつみよう》等の大乗経を講演せん。これをもって一生のつとめとなさん」と、講経をはじめたという。ちなみに、松尾明神と比叡明神とは、『古事記』によれば一体の大山咋神《おおやまくいのかみ》である。最澄以来の鎮護国家の役割りを意識した発願である。

この円珍が、円仁につづいて唐に渡る決心をするときがくる。

円珍の入唐

伝記に、嘉祥三年（八五〇）の春、山王明神が夢にあらわれて、円珍に入唐をすすめるエピソードが出ている。このとき円珍を躊躇させたのは、円仁が帰ってきたばかりであるということであった。

和尚答えて云く。近来、請益の闍梨和尚（円）仁公、三密を究学して、本山に帰着す。いまなんぞ海に航するの意に汲汲たるにいとまあらんや。神、重ねて勧めて云く、公の語のごとくならば、世人多く髪を剃って僧となる、公、なにをもってか、むかしは剃髪の志に汲汲たる。

円仁が帰ったばかりだから入唐する必要がないというのは、多くのひとが僧となっているから、自分が僧になる必要はないというようなものだ。山王明神の夢での強弁は、円珍に入唐を決意させるのであるが、このエピソードは、いわば、円珍の内心の葛藤そのものであろう。

円珍のねがいはききとどけられて、はやくも仁寿元年（八五一）四月十五日、円珍は太宰府にむかい、五月二十四日には安着したのである。かくて、実際に唐へ発進したのは、仁寿三年（八五三）七月十六日のことであった。

八月十六日、唐の大中七年、円珍は唐国の商人の船で福州に到着したのである。まず福州の開元寺で般若怛羅三蔵に就き、梵字悉曇ならびに、大日如来、文殊、如意輪、七倶胝《しちくてい》などの契印と真言を、また、存式からは、四分律疏や法華の註疏等を授かった。

九月二十日、福州を発し天台山へむかい、十月に温州へ入り、仏典や道教の書などを求得し、十二月はじめ、台州臨海県に達した。そこの開元寺で知建から、維摩経や因明の註釈書を得ている。さらに国清寺へむかい、翌年の九月まで、天台山の巡礼と、物外からの聴講など、天台法門の伝写に専注した。

大中八年の末から翌年の二月までは、越州にあり、大中九年（八五五）二月、蘇州を経て洛陽へむかい、五月六日洛陽に到り、さらに二十一日、長安に到るのである。

六月三日、青龍寺の法全《はっせん》に会った円珍は、手印や諸儀軌を講授され、ついに七月十五日に胎蔵界灌頂、十月三日に金剛界灌頂を受けている。十一月四日には、三昧耶戒を受け、ついで阿闍梨位灌頂を受けて、法全からの受法をおわったのである。さらに、大興善寺の不空三蔵院で、不空の骨塔を拝し、その門流の智慧輪について、胎蔵界と金剛界の両部曼荼羅について教えをうけた。円珍は、帰朝後も手紙を往復して、この智慧輪に教示をあおいだことすらある。

つづいて、長安城内の名刹を巡礼し、十一月二十七日、長安をあとにして、洛陽に諸寺を巡拝し、『大日経義釈』などの、所伝の法門の整理をつづけた。

年末か、翌春（八五六）かに、来た路をたどって越州にいたり、良諝《りょうしょ》に再会し、六月四日には、天台山国清寺に到っている。ここでは、最澄が建てた日本国大徳僧院が、会昌の廃仏で荒廃していたものを復興し、天台山と台州辺におよそ二年間滞在して、大中十二年（八五八）六月八日、李延孝の商船に便乗して、帰途についた。日本の天安二年六月二十二日、二週間ばかりで太宰府に着き、入唐求法の旅はおわった。

ている。

円珍の教団経営

円珍は入唐に際して、天台宗に属する三人の入唐僧と出会ったり、その消息を聞いたりしている。

ひとりは、円基のことである。最澄の入唐に際して、留学僧として同行したはずのひとである。円珍が、彼の地で得た風聞によれば、眼をわずらったとうそをついて、ろくろく受法もせずに、日本へ帰ってしまったというのである。

ふたりめは、円載である。かつて、円仁とともに入唐し、円仁とわかれて天台山へおもむき、そこで数々の法門を受け、日本の天台宗として問題であった、天台法華教学のなかで密教をどうとりあつかうかという点で、天台山の学僧の公式見解、いわゆる唐決をひきだしたのであった。ところが、円珍と出会ったときは、尼僧を犯したという評判で、円珍をこころよくは待遇せず、金銭のことばかりをむさぼるという状態で、たとえば法全に対して、円珍の悪口をいって、受法を妨害したりしたというのである。この円載は、円珍とともに法全から密教を伝えたり、真如親王が唐へおもむいた折は、その面倒をよくみて、やがて日本をめざしながら、元慶元年（八七七）冬、数多の将来典籍とともに海のもくずと消えてしまったのである。

もうひとりは、円修である。義真の歿後、天台宗の伝法師に擬されながら、山内の反対にあい、しりぞいて室生寺に寄っていたが、のち入唐し、唐の会昌三年（八四三）には天台山に行き、ここで円載と出会うのである。円修は、『血脈図記』によれば、天台山の広修から受法するのであるが、円載の風評をなじり、円載はうらみを含んで、円修を毒殺しようとすらしたと、円珍の『行歴抄』にはでている。

なまなましい入唐僧たちの行状、そしておなじ天台宗にありながら、たがいに反目しあう原因を、仲尾俊博教授は、義真一門と円澄の一門との軋轢《あつれき》に帰しておられる。こうすると、円珍の入唐も、その緊要さが推しはかられるのである。例によって、円仁と円珍の将来法門を比較すると、密教関係でおよそ九十部、円仁の百部との重複は、七七部をかぞえる。うがってこれをみれば、円仁の一流とあい対抗できる質量の法門を、円珍の側でも整えなければならなかったという事情を、うかがうことができるのである。

円珍の教学上の仕事としては、入唐に先立つ、太宰府における、『大日経指帰』の撰述がある。広修らの天台山の示した唐決が、密教を大乗の初門の段階で説かれたものと判定したことに、円珍は反駁して、大乗究極の、『法華経』と同段階の仏説とする考えかたをうち立てたものである。

円珍には、一見、その著述に、顕教、密教にわたるものをみるが、いつでも、最澄以来の円密一致を宗是として、すべてを論じている。『法華論記』『講演法華儀』なども、世親の『法華論』を、天台の諸家の説をひろく汲んで解釈しながら、『法華経』の正意は、法身の説法であるとして、大日如来と『法華経』の教主、久遠実成《くおんじつじょう》の釈迦如来とを同一視したり、真言密教の立場に立って『法華経』を解釈して、胎蔵界と金剛界を不二のものとしてとりあつかう、その肝心となるべき教えを盛りこんだ経典であるとまでいう。

ほかに、仁和三年（八八七）、比叡山王の大宮と二宮である、大比叡、小比叡両明神の功徳に資する意味をもって、大日経業と一字頂論王経業の二人の年分度者を請うて許されている。この一字頂論王経を解釈した、『菩提場経略義釈』も著わしている。

帰朝の翌年の貞観元年（八五九）から、天智天皇の代に大友皇子が創建したと伝える、三井の園城寺を修築して、やがてここに、将来の経論章疏をおさめ、八年（八六六）五月には、天台別院とされて、円珍の門流が代々この寺の別当になることにもきまった。

貞観十年（八六八）四月三日、安慧が遷化し、ついで円珍が延暦寺の座主職を襲いだ。

もとより、唐より伝えた法門を、天台一宗に伝え、竪義式《りゅうぎしき》を再三定めたり、密教の伝法をしばしばおこない、その受者には、宗叡、遍照、常済、延祚、詮暉、増命、承雲、探源、真皎、真源、最円、尊意など、いわゆる円仁一門にまで意を用いている。

円珍は、円仁の所立の年分度者の円滑な施行を上奏したり、円仁の将来物を、とくに前唐院を設けてここに安置したりもして、「師兄」と敬称し尊んでいる。寛平三年（八九一）十月二十八日という、その入滅の前日の日付をもつ『遺制十一ヶ条』などは、あまりにも、円仁門流との融和を懇ろに説くことから、偽撰とまでみなされているが、あれこれの事情を考えあわせると、ありうべき配慮の結果であるとも、うけとれる。円珍のその卓抜した力量で、ようやく山内の平和は維持されていたというべきであろうか。

円珍はまた、貞観六年（八六四）の秋に仁寿殿で胎蔵界の灌頂を修し、清和天皇も入壇している。おなじく八年の春には、冷泉院に天皇の宝祚を祈っている。さらに、元慶元年（八七七）には、陽成天皇の登祚にちなんで、宮中で百座仁王講の講師をつとめ、三年には、円仁門下の承雲と清涼殿に祈禱を修し、さらに、仁和元年（八八五）には、光孝天皇の登祚にあたり、やはり百座仁王講の講主をつとめている。同二年十月、天皇の病気平癒を祈って紫宸殿に護摩を修している。このように、公家との接触がしげく、元慶七年（八八三）には、法眼和尚位にすすみ、延暦寺の座主として、はじめて僧綱に加わったのである。

元慶寺の教団

貞観十六年（八七四）十一月十一日付の、通称「蘇悉地連署状」というものがある。蘇悉地法は、天台の密教独特の大切な法門であるから、今後の伝法に際しては、弟子の器《うつわ》をみきわめ、阿闍梨位にのぼることができたものだけに、これを伝えていこうと、円珍、承雲、遍照の三人が署名して決めたものである。

ここに署名する三人のうち、承雲は、円仁から両部灌頂を受け、阿闍梨位にすすんだ、円仁門流の代表である。さて、遍照は、『百人一首』で知られている、『古今集』に活躍する歌人でもある。その父は良峰安世であり、最澄の大乗戒建立に際して、これを外護してくれた、天台宗にとっての恩人である。遍照は、はじめ円仁に師事したが、その遷化にあい、安慧に托される。しかし、安慧も歿するにおよんで、円珍は、遍照の受学内容をいちいち考査し、みずからの所伝をも授け、阿闍梨位に進めることを上奏している。

遍照はこうして、円仁の門流と、円珍の教授とをうけており、貞観十一年（八六九）二月には、すでに法眼和尚位にも進んでいて、元慶寺に拠り、元慶元年（八七七）には、年分度者三人をみとめられ、その指導者として安然、惟首を得たのである。遍照は元慶寺座主であり、元慶三年には、権僧正ともなり、円珍よりさきに僧綱に参画して、いわば天台宗教団にとっては、円仁門流と円珍門流に対して、第三の立場をとりえたのであった。その独自の立場は、かの「蘇悉地連署状」ばかりでなく、ようやく均衡をはかっていた比叡山の教団の調停役として、大きな力をもっていたことであろう。

この元慶寺教団の独自な立場は、やがて、安然の天台教学における自由で学問的な研究と、天台宗の課題であった、密教をとりこんでの教学体系の樹立をもたらすことになったのである。

安然の生歿は、不明なところが多いが、『悉曇蔵』『普通授菩薩戒儀広釈』『胎蔵界対受記』『金剛界対受記』『菩提心義抄』『真言宗教時義問答』といった主要な著書が、おおむね、元慶四年（八八〇）から仁和元年（八八五）あたりに集中していることから、熟成したその思想をうかがうことができる。

その五大院尊者と尊称される安然の考えかたの、もっとも基本となる部分では、円仁が唐において示唆をうけてきた、すべての仏教は『法華経』で説かれる、仏陀の極説である「円教」でないものはないという、一大円教論に根ざしている。これにもとづいて、円密一致の立場から、すべての仏教は真言密教でないものはないという立言をするのである。

この考えかたに立てば、密教が、円教とか顕教と相対してとらえられるものではなく、真言密教という仏教の極説が、どのようなカリキュラムで説ききたり、説き去られていったかを位置づけることになる。仏はひとつ、仏の説法の時も、場所もひとつ、その教えもひとつというのが、安然の仏教のとらえかたであった。

日本における天台宗の教学体系は、ここに完成されたと評されるのである。

6　天台教団の貴族化と浄土教

天台教団の展開

教団の経済

いま、比叡山上の書院に、「論湿寒貧」という額が掲げてある。比叡山の特長を、端的に表現した四文字として、比叡山を語る場合、往々にしてはなしの枕に引用される。

最澄がはじめた天台宗の教団は、たしかにはじめから裕福ではなかった。最澄が、一乗止観院を開創したころは、近江国の正税から、一山の供料が支給された。最澄入滅《にゅうめつ》ののちは、嵯峨天皇から、造塔料という名目で、給付があり、根本中堂《こんぽんちゅうどう》の灯油料が、近江国から支給された。それぞれ、その内容はつまびらかではないが、淳和天皇が、大講堂、戒壇院の建立をはかり、籠山修行僧二十四口の供料も下賜された。仁明天皇も、総持院をはじめ諸院の建立をすすめ、清和天皇も、無動寺や文殊楼建立に力を貸してくれている。

つづく陽成《ようぜい》天皇の代には、文殊楼の費用として、近江国大浦庄を施入され、元慶五年（八八一）には、文殊楼の四僧をおいて、懇田三十八町余を施入している。仁和二年（八八六）

には、西塔院五僧を置き、近江国の正税がその費用に充てられる。延喜年間、宇多法皇は天台への帰仰の心あつく、しばしば僧たちに供養をつくし、二年（九〇二）四月には近江国滋賀郡の勅旨田を施入している。あるいは、ときの醍醐天皇は、同十二年（九一二）、近江国蒲生郡津田庄を西塔院に施入し、翌年には、近江国の正税をもって、楞厳院《りょうごんいん》の仏灯供米にあてさせてもいる。

そのほか、おりおりに、僧に功を賞して施物があったり、延暦寺へも、布や供米などがしばしば施入されている。

はじめは、『伝述一心戒文』巻中にもあるように、宮中の金光明会聴衆、四天王寺、法隆寺の安居会の講師に、天台宗のものをも充てるように強く奏請するなど、その勢力拡大に腐心したのであった。

いわゆる、摂関期にもなると、たとえば貴族の一門に属する子弟が出家すると、その所領の分を、比叡山の由縁の堂舎に施入するなど、次第次第に、山門の寺領は拡大していったのである。

また、承和六年（八三九）の正月の伊勢国多度大神宮寺、翌年七月の播磨《はりま》国大道寺、清妙寺、観音寺、同九月の伊予国温泉郡の定額寺、貞観五年（八六三）の摂津国島上郡悉曇寺、元慶二年（八七八）八月の加賀国石川郡止観寺、同五年十月の信濃国伊那郡観音寺、同十一月の陸奥国安積郡弘隆寺、同六年十二月の近江国延祥寺などは、それぞれ天台別院に指定され、天台宗僧がそこへ派遣されたはずである。

貴族と祈禱

『紫式部日記』は、藤原道長のむすめである、中宮の彰子の出産の祈禱から書きはじめられている。

おほかたの空も艶なるにもてはやされて、不断の御読経の声々、あはれまさりけり。ややう涼しき風のけしきにも、例の絶えせぬ水の音なむ、夜もすがら聞きまがはさる。まだ夜深きほどの月さしくもり、木の下をぐらきに、「御格子まゐりなばや」「女官はいまださぶらはじ」「蔵人まゐれ」などいひしらふほどに、後夜の鐘うちおどろかし、五壇の御修法、時はじめつ。われもわれもとうちあげたる伴僧の声々、遠く近く聞きわたされたるほど、おどろおどろしく、たふとし。

つづいて、観音院の僧正、法住寺の座主、へんち寺の僧都、さいさ阿闍梨といった面々が、祈禱のために行き来するありさまが描かれている。

彰子の場合は、いわば親王を産まんとする公的な立場にあるが、問題は、仏僧の修法のちからで、安産をはじめとする、現世的な欲求を成就しようという傾向である。

当時の祈禱の目的を一覧すると、祈雨、疫病除け、反乱鎮定、天災地変の防除、安産祈願などが、公式に要求され、制令で禁止されているところをみると、私《ひそ》かに呪咀《じゅそ》を行うものもあったようである。

天台宗や真言宗の僧は、こうした、いわゆる現世の利益の実現のために、公家の召集に応じ、それぞれ験力を競いあったのである。

延喜《えんぎ》十四年（九一四）四月二十八日、三善清行《みよしきよゆき》は、醍醐天皇に『意見十二箇条』（意見封事）を上進した。その第一条には、「まさに水旱を消して、豊穣を求むべき事」としている。その内容はこうである。雨を祈る神官と僧侶が堕落している。神官は、雨を祈る供物である絹、酒、鉾、馬を自分のふところへ入れてしまうし、僧侶はひとりとして持戒堅固なものがなく、したがって、雨を祈っても効験があらわれない。神官を粛清し、僧風を刷新して、雨を祈ればただちにしるしがあきらかであるようにし、農作物の豊穣をはからなければならない、というのである。

この時代の、第一級の知識人であり、かの円珍の伝記をすら書いたひとの意識にして、このとおりである。律令体制下で僧侶に課されてきた役割りは、ここのところにあったのである。

最澄の考えかたも、そうした僧侶の役割りを、もっとも充全にはたす仏教でなければならないというところにあったことは、すでにみてきたとおりである。そして、頭初、国家のレベルで要求されてきた僧侶の験力は、摂関政治の伸展にともなって、それを担う貴族の、私的な要求にも応じるところとなったのである。ここに、たとえば天台宗と貴族との、ねんごろな結びつきを生じたのである。

小山田和夫氏の指摘によれば、円仁を重用した藤原良房の姿勢に、すでに円仁を私的権勢の目的達成のためにまきこんでしまったところがあるという。たとえば、文徳《もんとく》天皇の皇太子として、第四皇子ながら、良房の娘の明子を母とする惟仁親王を立てるに際し、その成就を期して、不空羂索《ふくうけんじゃく》観音を造像し、これに祈請《きしょう》することに、円仁の指導をあおいだという、『山家要記浅略』所引『匡房卿記《まさふさきょうき》』の例をあげられている。

円仁の弟子相応も、円仁の紹介で、良房の弟である良相《よしすけ》の帰依をうけ、円仁は良相の名の一字をとって、この弟子に相応と名づけたといわれる。

ちなみに、相応（八三一―九一八）は、円仁の教示で、不動明王、護摩の修法に期するところがあり、比叡山東塔南谷の無動寺を開き、のち、『法華経』で忍辱精進して教えを保持する修行者のモデルとして描かれる、常不軽菩薩のありかたを心として、身は生身の不動明王を現じて、比叡の峯をへめぐる、回峯行《かいほうぎょう》を創始した。この回峯行は、今日にいたるまで、そのはげしい修行法を伝えている。相応はかくて、数々の験力をあらわし、名声はとどろき、多くのひとびとの帰敬をうけた。最澄と円仁に、伝教大師、慈覚大師の大師号を請うてゆるされたのも、相応の努力による。

良源の復興

現世の欲求を祈禱によって解決しようという傾向は、天台宗と貴族との接近をうながしたことはもちろんであるが、密教の具体的な事相の面で、発達と分派がもたらされた。『行林抄』とか、『阿娑縛抄』とか、諸尊、諸経の供養法が整備され、どのような本尊を用いてのどのような修法が、どのようなことに効験があるか、そうした行法の集大成をした諸書には、「効能」の一項をかならず設けてそれを謳《うた》っている。

慈恵大師良源　坂本　求法寺蔵

良源は、延喜十二年（九一二）、近江国浅井郡に生まれている。この良源も、藤原師輔《もろすけ》の娘で村上天皇の側室であった安子の皇子出産を祈ったり、その皇子が立太子すると、その護持僧にもなっている。あるいは、師輔の守護僧としても、地位を得ていたのである。ないし、康保年間（九六四―九六七）には、しばしば宮中仁寿殿で修法をくりかえしている。

櫛田良洪博士が東寺宝菩提院三密蔵より発見した、梵照の『慈恵大僧正拾遺伝』によれば、近江国浅井東郡に河あり、田河と字《なづ》く、橋あり、大橋と号す。郷人、橋の南で魚を釣る。和尚幼稚なりしとき、これを見る。

とあって、良源の出生地は、いまの浅井町の田川のあたりであったことが推定される。

延長元年（九二三）、十二歳にして、比叡山に登り理仙に師事している。しかし、不幸にも理仙が没し、すでに良源を尊崇していた船木良見の奔走で、右丞府（右大臣）藤原定方に紹介され、ようやく、十七歳の延長六年（九二八）四月、天台座主尊意から受戒し、檀越良見の一字をとって良源と名づけた。

良源が頭角をあらわしたのは、承平七年（九三七）、興福寺維摩会の講師としておもむいた基増に従って、番論義《つがいろんぎ》に参加し、法相宗の義昭と対論し、これを論破したときであった。これを機縁にして、藤原北家の大相国忠平との交際がはじまっている。忠平は、後世を良源にたのむなど、のちの忠平の子師輔とのむすびつきも、ここに発するのである。そして、それは、良源が後事を托することになる、師輔の子の尋禅の出家と、その周囲も目をみはる昇補の早さなどにも連結する。

良源は、藤原忠平が死んだ天暦《てんりゃく》三年（九四九）八月十四日、その葬儀に列してのち、厄難をさけることを理由に、横川へ隠棲してしまう。横川は、円仁の創建である。そして良源がおもむく直前、浄蔵が平将門《まさかど》調伏を祈ったところでもある。この間、いよいよ藤原師輔との関係は濃くなっている。師輔は、天徳元年（九五七）、五十歳の賀をむかえながら、三番目の妻である、醍醐天皇の皇女である康子内親王を、出産で亡くしている。いよいよ、良源に精神的な助けを求め、そのもとで出家することをも期しながら、天徳四年（九六〇）五月、師輔は五十三歳で世を去ってしまうのである。

応和三年（九六三）八月二十一日、村上天皇書写の『法華経』供養が、清涼殿ではじめられて、十講の法会がおこなわれたが、ここで興福寺の法蔵が、法相宗義に立って、定性二乗のともがらは、成仏できないと論じ、最澄以来の懸案であった、生きとし生けるものはみな、仏になれる性をもっている（一切衆生悉有仏性）という、『法華経』にもとづく天台の教義を、良源は真向からぶつけて、法蔵の口を閉ざしたのである。しかし、法相宗は仲算を擁してこれに反駁した。良源はむしろこれには反論していない。世に応和の宗論とよばれるこの宗論は、天台宗、法相宗がおのおのみずからの勝利とするが、たとえば、良源の弟子である源信が『一乗要決』を著わして、両宗の最澄と徳一以来の論争は終止符を打ったといわれるから、問題は残ったのであろう。

とにかく、良源はその後、天台宗にあってもめざましい出世ぶりを示して、康保三年（九六六）、五十五歳の若さで、延暦寺の座主に補せられたのである。再三これを固辞したが、長老の諫めにより座主職につき、精力的な活躍がはじまるのである。

座主就任早々の良源が出会ったのは、母の死と、東塔の大火であった。しかも、その復興途上に、ふたたび法華総持院を焼失するなど、苦難は重なったが、これを克服して、天禄二年（九七一）四月に、総持院落慶にあたっての舎利会を修し、翌年四月には、大講堂、常行堂、法華堂、文殊楼などすべてを復興し、盛大な落慶供養を行っている。

教団の内部に対しては、上奏していた、六月の法華会に、広学竪義をおこない、受業者を竪者と呼ぶという、奈良の三会に準じた研学方法を、比叡山上にみとめられるなど、宗徒の研学をすすめ、天禄元年（九七〇）七月には『二十六ヵ条起請』をもって、山門の行事や日常の、僧徒の進止を制している。

天禄二年、病を発した良源は、横川の堂舎や、各庄園からの収入の使いかた、論義の運営など、こまかく遺制するが、その多くの部分で妙香房尋禅に権限をもたせていることが、めだつのである。

天延二年（九七四）十二月、仁寿殿で熾盛光法《しじょうこうほう》を修して、良源は権大僧都にすすむ。翌年には、円仁が聖観音を本尊とし、毘沙門天をあわせまつった横川中堂に、不動明王像を加えて、これをあらためるなど、以後、横川全体に整備の手をすすめている。僧位も、天延三年十月に大僧都、貞元二年（九七七）十月には権僧正、天元二年（九七九）十二月僧正、同四年八月には、輦車《れんしゃ》をゆるされ大僧正にまで進んでいる。この間、天元三年（九八〇）には、根本中堂を十一間四面で廻廊をそなえたものに拡張改良して、九月三日に盛大な落慶供養を営んでいる。

良源は、永観三年（九八五）正月三日、坂本の弘法寺において、寂を示す。世に、忌日にちなんで、元三大師と親しく称び、大師信仰が風靡するにいたるのである。

拡大と分裂

良源が当面していた、天台宗の教団の現状には、とくに、良源が傍系ながら円仁門流にあり、十八代座主としては、円珍以来十四代まで座主職を占めたその門流を、慮《おもんぱか》らねばならず、苦心もあったであろう。ところが、良源は、たとえば、天元四年（九八一）に、園城寺長吏の余慶が、法性寺の座主となって、山内の円仁門徒が強くこれを朝廷に訴え、ついに、座主職を撤回させた事件についても、朝廷に対し、円仁門徒の暴力行為の風聞をうちけすていどで、きわめて消極的であった。かつての二十六条式で、山門の現状にきびしい裁断をくだし、たとえば、僧兵とよばれるような無頼の徒や、不満分子をことごとく放逐しようとし、かつまた、天元二年（九七九）四月の、地主三聖の祭りにおいて、比叡山王三聖の神殿を建てたりして、三塔によびかけ、これに出仕せしめて、絢爛《けんらん》たる祭礼を挙行し、二七〇〇の僧徒中、不満を表わし出仕に応じなかった、七〇〇名の欠席者を処断し、僧籍を剥奪するといった、たてまえにおいて反対分子を粛清することには厳であったが、しいて、円仁、円珍両門徒を区別して、その対立をまねくという事態は、極力さけていたというべきであろうか。

しかし、余慶の事件あたりを発端として、両門流の確執はつのっていった。良源のあとをついだ尋禅が没すると、永祚《えいそ》元年（九八九）九月二十九日、朝廷は、今度は、余慶を延暦寺座主に任命する宣命を発したのである。円仁門徒の反対はいうまでもない。検非違使《けびいし》を伴った少納言の登山は、過激派のデモるなかに進む、機動隊に守られた当局者の観がある。宣命を奪われても、座主には名目上、余慶が就任し、山徒を誡告する宣命も伝えられたが、ついに三ヵ月にして、余慶は座主職を辞せざるをえなかったのである。

ついで円仁門徒が座主職を独占し、二十二代暹賀《せんが》のときは、円珍門徒が赤山禅院を包囲し、山上への物資を遮断するにおよび、山上の円珍門徒の拠点である千手院等の房舎が焼き打ちされ、円珍門徒は、円珍の御影を守って三井寺にのがれたのであった。ときに正暦《しょうりゃく》四年（九九三）のことであった。

関白藤原頼通が、円珍門徒の明尊を座主としようとして失敗し、園城寺はひきかえに、独自の戒壇を建てんとしたが、これが山門の反対にあうと、ふたたび明尊を座主としたが、三日で辞職し、以後、三十一代源泉《げんせん》、三十九代増誉《ぞうよ》、四十四代行尊《ぎょうそん》、四十七代覚猷《かくゆう》、五十代覚《かく》忠《ちゅう》、六十代公顕《こうけん》らが、いずれも円珍門流から座主に補されたが、執務二日ないし六日にしていずれも職を去るというありさまであった。

まったく逆に、天台教団の拡大の面をみると、まえにとりあげた天台別院の設置のほか、現在の五箇室門跡である、妙法院、青蓮院、曼殊院、三千院（円融院）あるいは、毘沙門堂の前身などが、平安中期以降開かれ、それぞれ法親王をむかえて、門跡の名を得るにいたっているし、琵琶湖をとりまく湖南、湖東、湖北に天台宗寺院が営まれて、現在にその結構を伝えることにもなる。

天台浄土教

山の念仏

天台宗の浄土教は、その源をさかのぼれば、中国の高祖である天台大師智顗にいたる。『観無量寿経』の注釈書が、智顗に擬せられているが、それはむしろ唐代にまで下るものであろう。

智顗の『摩訶止観』には、仏教の修行の型を、その行坐の形式で分類して、常坐三昧、常行三昧、半行半坐三昧、非行非坐三昧の四種三昧を立てている。このうち、常行三昧は、もっぱら行道して、一歩一歩をはこびながら、口に阿弥陀仏を念ずるという方法をとるものである。それは、『般舟《はんじゅ》三昧経』からくる、仏立《ぶつりゅう》三昧という行法である。

最澄が、比叡山に伝えたもののなかには、もちろんこの『摩訶止観』があって、天台宗年分度者は、この四種三昧を修行するものであった。また、最澄の入唐の成果である将来録のなかには、『観無量寿経』『阿弥陀経』などのほか、それらの注釈書や『五更讃念仏』といったものの名もみえている。しかし、こうした浄土教を、具体的に法儀として伝え、これを定着させたのは、円仁であった。

円仁の巡礼した五台山は、法照《ほっしょう》（七六〇年代前後）が五会念仏《ごえねんぶつ》を創唱した地である。法照は、南岳にいた承遠の弟子で、承遠はまた天台の教系も伝え、広州で慈愍の浄土教に触れてこれに帰依し、南岳に専修念仏の道場を構えていた。法照は念仏の法門を求めて承遠に師事し、のち、みずから念仏修行のなかに、五会念仏の方軌を組織したのであった。

五会念仏は、いま、『浄土五会念仏誦経観行儀』『浄土五会念仏略法事儀讃』が伝わって、その概要が知られるが、第一会は平声《ひょうじょう》念、第二会は平上声《ひょうじょうしょう》緩念、第三会は非緩非急念、第四会は漸急念、第五会は四字転急念と、声調と緩急をたくみにくみあわせて、口称念仏のなかに法悦を生じていく、きわめて官能的な、音楽的な念仏行なのであった。

安然は、『金剛界大法対受記』巻六に、

この五会を聞き、人心を発し、ひとたび西方に到り快楽を受く。快楽を受け、この五会を聞き、無生を悟る。

といい、

昔、斯那《しな》国の法道（照）和上、現身に極楽国に往き、親《まのあた》り水鳥樹林の念仏の声を聞き、もって斯那に伝え、慈覚大師（円仁）五台山に入り、その音曲を学んで、もって叡山に伝う。

としている。

円仁は、承和十四年（八四七）、帰朝後さっそく常行三昧堂の建設に着手し、『慈覚大師伝』によれば、仁寿元年（八五一）「五台山念仏三昧の法を移して、諸弟子等に伝授し、始めて常行三昧を修」したという。

円仁の没後、常行堂の不断念仏が、円仁の遺命として盛行し、相応や遍照など、円仁の弟子たちは、諸処に常行堂を建て、不断念仏、阿弥陀三昧を鼓吹したのである。これを「山の念仏」と呼んでいる。

朝題目夕念仏

寛平《かんぴょう》五年（八九三）には、増命《ぞうみょう》によって西塔常行堂がはじめられ、康保五年（九六八）には良源の手によって横川の常行堂が建立されると、毎年仲秋の名月の前後、十一日から十七日までの一週間、不断念仏が三塔で同時に勤仕されて、都合二十一日の念仏行が数えられたのである。

こうした念仏行は、たとえば、坂本の勧学会といった、貴族の子弟と比叡の僧との交流の集いさえ生むようになった。『三宝絵』下巻によれば、康保元年（九六四）にはじめられた。三月と九月の十五日にこの集いはもたれた。

十四日の夕に、僧は山よりおりてふもとにあつまり、俗は月に乗て寺に行く。道の間に声を同くして、居易（白居易）のつくれる「百千万劫の菩提の種《たね》、八十三年の功徳《くどく》の林」という偈《げ》を誦してあゆみゆくに、やうやく寺にきぬるほどに、僧また声を同じくして法華経の中の「志求仏道者無量千万億《しぐぶつどうしゃむりょうせんまんおく》、咸以恭敬心皆来至仏所《げんにくぎょうしんかいらいしぶつしょ》」と云偈を誦してまちむかふ。十五日の朝には法花経を講じ、夕には弥陀仏を念じて、そののちには暁にいたるまで詩《からうた》を作て仏をほめ、法をほめたてまつりて、その詩は寺におく。

『三宝絵』の描写は、まことに典雅なものであるが、この『法華経』を講読し、念仏を唱えるという形式が、比叡山の浄土教に発して、この時代の常識となっていった。

たまたま、この時代の信仰を語る、慶滋保胤《よししげのやすたね》の『日本往生極楽記』と、鎮源の『法華験記』がある。いわゆる往生浄土を期したひとびとと、『法華経』の持経をこころがけたひとびとを選んで、その信仰の行をほめた伝記集である。いまこの両書を比較してみると、十人が重複している。また、『法華験記』に一二九人を列ねるうち、四六人は、念仏を唱えたり、臨終に往生浄土の素懐をとげた例である。ひるがえって、『往生極楽記』四二人のうち七人は、『法華経』にかかわる行儀を併修している。

それらのいちいちを検尋したいが、いまはこれらの数字だけで充分であろう。後世、念仏を宗とする浄土宗や浄土真宗などと、『法華経』の唱題を提唱する日蓮宗とは、水と油のごとく、両者あい容れないが、ひと日のはじめに、仏陀の極説たる『法華経』を、読み、論じ、書写し、一切皆成仏の文証に、みずからの成仏完成をはかり、暗黒の闇につつまれて臥さんとする夕べには、阿弥陀仏のさしのべる往生浄土のすくいの手に身をゆだねようというのが、この天台宗に流れる、朝題目夕念仏の宗是をうけいれる心情であったであろう。夕べは、人生にあてはめれば、臨終に対応する。成仏の実現を目標とする天台宗が、この世での目標達成を期しながら、万一の次のチャンスを、来世に設定し、極楽浄土で阿弥陀仏の教導で成仏を果さんとする、それがこの宗の浄土教なのである。

源信と往生要集

良源が、応和三年（九六三）八月、清涼殿で、かの応和の宗論を、法相宗の法蔵とたたかわしていたそのときに、賀茂の河原で空也《こうや》が念仏の法会を開いていたのだという、平林盛得氏の『良源』における指摘は、その対照の妙に圧倒される。

保胤が『往生極楽記』で、

天慶以往、道場・聚落、念仏三昧を修すること希有なり。なんぞ況や小人愚女多くこれを忌むをや。上人（空也）来りて後、自ら唱え、他をしてこれを唱えしむ。その後、世を挙げて念仏を事となす。誠にこれ上人、衆生を化度するの力なり。

とは、空也による、念仏の画期的なイメージ・チェンジが語られていると同時に、この時代までの、浄土教の消長をも、よくいいあらわしている。

良源は、藤原師輔の請いにこたえて、『九品往生義』をあらわし、上品上生、上品中生、上品下生、中品上生、中品中生、中品下生、下品上生、下品中生、下品下生の九品にわけて、往生の因行と、その結果をみごとに書きわけている。智顗の『維摩経疏』に範をとった、懇切な往生の案内書とでもいえようか。

ここにもうひとり、増賀とともに、良源の門下にありながら、良源のともすると、名を衒《てら》う気風を批判して造反をこころみた、千観がいる。かれは、『十願発心記』をあらわして、みずから普賢菩薩の誓いになぞらえて、往生極楽をはたし、かの地で成道のあかつきには、此上に還相回向して有縁を救ってやろうという、往生の思想を披瀝し、臨終にこの願文をにぎって、念仏を唱えて、命終ったという。

それぞれ、天台教学に立った、オーソドックスな浄土教をうちたてたわけであるが、問題は当時の実際の浄土信仰の状態である。かの勧学会の念仏は、その間遠でかぎられた階層の催しごととして、衰微の一途をたどっていた。かつ、さきの『往生極楽記』のいうように、念仏は忌まわしいものというイメージが、がんこにゆきわたってしまった。

空也は、ひじり（聖）と呼ばれるような、山林修行を背景にもった、験者といった性格で、市井《しせい》に深くとけいり、その新鮮な熱狂的な念仏の唱えかたと、踊躍するアクションによって、念仏に一種の呪術的な力を付与したことになった。

ここに、比叡山では勧学会の欠陥を補い、僧俗が会合して、同行の集団のなかで、ともに往生を期そうとする、二十五三昧会がつくられていった。

その中心人物は、慶滋保胤らであり、寛和二年（九八六）五月、祥満《しょうまん》らが発起し、花山法皇も加わり二十五三昧講が組織された。『二十五三昧結縁過去帳』によれば、同心一六三人にのぼり、毎月十五日、迎講《むかえこう》を修して、二十五菩薩の来迎に擬し、往生浄土を期したのである。

恵心僧都源信　延暦寺蔵

その根拠をあたえたものが、源信の『往生要集』であった。

源信は、天慶五年（九四二）大和国葛城郡当麻郷の出身。中将姫の伝説のある、当麻《たいま》曼《まん》荼羅《だら》を蔵する当麻寺《たいまでら》は、その幼少から親しんだところであったろう。九歳にして比叡山に入り、横川の良源に師事し、のち、広学竪義《こうがくりゅうぎ》で盛名をとどろかし、学は仏教論理学の因明から『倶舎論』にまでおよんだ。

源信の母が、盛名を背負って帰来した息子を追い返し、名利をもとめず、多武峯《とうのみね》の増賀のようであれとさとしたはなしは、有名である。かくて源信は、横川に隠棲して、永観二年（九八四）十一月から翌年の四月までをついやして、『往生要集』三巻を著わしたのである。ちょうど、執筆途中で、師の良源の入滅に出会ったことになる。

『往生要集』は、題名のとおり、諸経論のなかから、往生極楽を勧める要文をとりだして、「座右に置いて、廃忘に備へん」とした一書である。

それ、往生極楽の教行は、濁世末代《じょくせ》の目足なり。道俗貴賤、たれか帰せざるものあらん。

とは、その冒頭の序文である。顕密の行は多岐であるが、それは、「予がごとき頑魯《がんろ》のもの、あにあえてせんや」と、往生をすすめるのである。

大文第一　厭離穢土《おんりえど》、大文第二　欣求浄土《ごんぐじょうど》、大文第三　極楽証拠、大文第四　正修念仏、大文第五　助念方法、大文第六　別時念仏、大文第七　念仏利益、大文第八　念仏証拠、大文第九　往生諸行、大文第十　問答料簡と十章にわけて説いている。たとえば、大文第一には、六道の様相を描いて、これを厭離せしめようとするが、地獄のありさまをはじめ強烈なものである。この書自体が、ただ理論の書であるよりは、心情に訴え、浄土を欣《ねが》わせようという、実際的な書であることに気づかされる。

念仏を業因とし、往生極楽を華報《けほう》とし、菩提《さとり》を証するを果報とし、生きとし生けるものを利することが本懐であるとして、菩薩の大きな誓いに立って、阿弥陀仏を礼拝し、讃え、観想し、その成果を他に回向するという方法が、その念仏であるという。

観想の念仏といわれるのが、阿弥陀仏の身相を上から下へ、下から上へ順次想念して、これを自己の心中に確実に焼きつけ、それを尊び、あこがれ、その境地に同化しようという、この書のすすめる念仏行である。さらに、その観想のできにくいもののために、口に「南無阿弥陀仏」と唱える、口称念仏をも勧めているのである。

7　中世・近世の天台宗

天台教学の展開

恵心流檀那流

良源による法華会広学竪義の確立など、ようやく天台教学を討究する気運が助長されて、たとえば、円仁門流と円珍門流の抗争や、源氏と平氏の争乱を、研究に没入していて、まったく知らなかったという、証真《しょうしん》のような学僧すら輩出した。

こうしたなかに、教学の立脚地と考えかたに、あいわかれて対立する傾向が生じ、一は源信にさかのぼって、恵心流といい、一は覚運にさかのぼって、檀那流と称した。それぞれ、恵心流は、観心を尊んで、われわれはすでに仏性をもち、それを磨き出すことによって成仏が果されるという考えかたをつきすすめて、人間のそのままのすがたも行為も、仏たるものの所作であり所行であるという、本覚の考えかたに立つという。檀那流は、それに対して、始覚《しかく》の考えかたに立ち、教義形式を尊んで、発心修行に重点をおいたという。

しかし、硲慈弘《はざまじこう》教授が『日本仏教の開展とその基調』下巻で詳述されるごとく、むしろ両流ともに本覚の思潮に立つことは共通していて、その両流の素型が、東塔の義、西塔の義と呼ばれるように、東塔を中心とする檀那流と、西塔、横川を含む恵心流と、人的、学派的対立点で、両流が区分されていわれ、後代になるほど、その相違点が強調されてきたものと、考えるべきであろう。

とくに、本覚の考えかたの特性として、法門の授受に、師弟の心裡の納得を必要として、口伝にたよることがもっぱらで、その口伝主義は、いっそう門流の閉鎖性、排他性を助長することになったようである。

『恵檀両流血脈』とか『日本大師先徳明匠記』などを総合すれば、両流は別れて八流におよんだという。

恵心流では、覚超《かくちょう》から忠尋《ちゅうじん》にいたり、皇覚《こうかく》が、相生《すぎう》流をはじめ、その後、静明において行泉房流を名のった。さらに静明ののちの政海が土御《つちみ》門門跡《かどもんぜき》流を創始した。べつに、覚超から定誓等を経て、檀那流も兼学する証真の宝地房流が出る。

檀那流では、覚運から次第して澄豪《ちょうごう》が恵光房流をはじめ、その弟子の長耀《ちょうよう》は竹林房流（安居院流）をひらき、同門の智海は、毘沙門堂流をはじめ、長耀ののち聖融において猪熊《いのくま》流がはじめられた。硲教授の研究によれば、この八流は図式的整理で、他に流名をのこすものに、滝禅院流、石泉房流、東陽流、阿弥陀房流、尊勝院流、仏眼院流、横川恵心流、大原流、山王院流といった恵心流の諸流と、関東に流れた檀那流に、藻沢流のほか、弘安流、文永流とでも呼ぶべき流派があったとされる。

組織された恵心流の教義においては、三重七箇《さんじゅうしちか》の大事《だいじ》と称して、広伝四箇の一心三観、心境義、止観大旨、法華深義と、略伝三箇の円教三身、蓮華因果、常寂光土の計七項のポイントを、教、行、証という三重、すなわち教義的解釈、実践的解釈、体験的立場の三つの次元からこれらをとりあつかって、伝授していったのである。

ないし、檀那流には、その各流によって種々雑多な整理がされるが、通途の檀那流七箇《しちか》の大事とは、一心三観、無作三身、常寂光土義、鏡像円融、蓮華因果、四句成道、証道八相の七である。とくに檀那流では、その深旨の相伝に、玄旨伝授と称し、玄旨灌頂としてこれを伝え、摩多羅神《またらじん》をかかげ、迹門、本門二門にわたって法門の伝授をする化儀が定められている。

台密十三流

院政期あたりから、密教修法の需要は、貴族の私的な欲求にあわせて、一層盛行し、その祈禱は、いわゆる現世利益を中心とするものであった。諸僧は験を競い、行法は整備され、功能が注目されてきたことは、まえにものべたとおりである。そして、効験を中心においた密教のとらえかたは、法門を伝受する阿闍梨が、自己の独自の密教事相を工夫するところとなって、もっとも効果的な修法のありかたは、師より弟子に面授されて、効験の専有をはかろうとして、密教のうえに分派をもたらすことになっていった。

天台密教、すなわち台密においての分派は、一般に十三流と称される。その淵源《えんげん》は、最澄、円仁、円珍の唐からの将来にあるわけで、それぞれ、根本大師流、慈覚大師流、智証大師流と称して、根本三流と呼んでいる。

このうち、もっとも後世に支流を生じて発展したのは、慈覚大師流である。

慈覚大師流の一は、遍照《へんじょう》に流れて華山系となり次第して覚超にいたる。これが川ノ流である。覚超は横川首楞厳院《しゅりょうごんいん》にあって、『胎蔵金剛三密鈔』『三密鈔料簡』『東西曼荼羅鈔』等を編んだが、横川鶏足院の離作業灌頂、法曼流の合行灌頂にわずかに跡をとどめて、この流は廃絶する。

一方、静真について慈覚大師流を嗣いだ皇慶があり、東塔南谷井ノ房にあったので、谷阿闍梨と称し、谷ノ流の祖とする。

谷ノ流に、皇慶、安慶の法を受けた長宴がある。大原僧都といい大原流の祖となった。『四十帖決』十五巻等の著がある。この長宴の弟子の範胤《はんいん》と、良祐の両伝を、ともに三昧流と称し、範胤から、最厳および文祐を経て皇昭、仙雲に流れる一派を住侶方《じゅうりょがた》と呼ぶ。

良祐には、行玄あり、覚快、全玄に伝わり、とくに全玄から慈円、良快、慈源と伝わる法脈は、青蓮院門跡方といい、二九一《にくいち》の秘篋《ひきょう》を伝えて、谷ノ嫡流を誇っている。

良祐の弟子の第二は、忠尋である。恵淵、成円、成源、澄尋と相承して、京都岡崎の実乗院門跡に伝わって、岡崎方という。その流れは、亮守によって、常陸国黒子《くろご》の千妙寺にいたる。また、良祐から相実に伝わった一流は法曼流となる。

相実は、良祐のほか、最厳、陽宴からも受法し、東密（真言宗の密教）にまで通暁したという。東塔無動寺に法曼院を創し、法曼流の名を得る。のち、輪王寺宮の御流として関東に弘まる。静然に伝わった一流を住侶方といい、政春ののち、円長の一流が門跡方、玄隆の流れに慈勝が出て門跡方を称し、照源にわかれて廬山寺流を形成する。

梨本門跡、三千院の明快、良真らは、皇慶、長宴、安慶より法を伝え、谷ノ流の正統を任じて、三昧流の青蓮院門跡方と、正嫡争いが続いた。のち法曼流を兼伝するにおよんで、梨本流の一流を名のることとなった。

皇慶の門下に、院尊があり、この一流を院尊流とするが、のちにその系脈は不明となる。また、同門に頼昭があり、東塔双厳房に住して、双厳房流と呼ばれる。その弟子に、行厳がある。仏頂房に住して、仏頂流とされる。おなじく、頼昭の弟子の覚範は、智泉房にあって智泉流の流祖となり、その付法は、院昭、行玄と次第する。

行厳の一流と行玄の法とを嗣いだのが、聖昭である。両流を兼伝し、比叡山の麓の穴太《あのう》に住したので、穴太流の流祖と称される。『十八道口決』『西円鈔』『三十帖口決』などをあらわし、門流は累々として、契中、忠快を経て、承澄にいたる。

承澄は、法曼流を兼ねて、小川流と称し、法曼流の『息心抄』『行林抄』を参考にして、『阿娑縛抄』二百巻の大著を完成した。

承澄は法を澄豪に伝える。伝法和尚と呼ばれ、洛西の宝菩提院にあって法を伝えたので、西山流と呼ばれる。その弟子の豪鎮は厳豪に法を伝えて、正覚院灌室をはじめ、行遍は総持坊灌室をはじめ、永慶から円俊に伝わって行光坊灌室がつくられ、その弟子の宗澄は鶏足院灌室をはじめた。現今に伝わる比叡山の灌室は、おおむね澄豪の弟子たちによってはじめられたのである。また、澄豪の法は、恵鎮、光宗に流れ、黒谷《くろだに》流となる。

長宴の弟子の永意の流派は、蓮華流である。仁弁、忠済と次第し、忠済は聖昭と栄西《ようさい》とから伝法して、味岡《あじおか》流を形成する。そののちに、胤慶、聖豪、栄朝があり、栄朝は葉上流を栄西に受け、ここに蓮華流、葉上流が合流する。

栄西は、ひとも知る、臨済禅の派祖である。栄西は、聖昭の流れを基好に受け、顕意からも受法して、葉上房にちなんで、葉上流を称する。その一流は、宋からの帰途、備前国金山寺の観海に伝え、長楽寺の栄朝にも伝えた。栄朝ののち、琛海《ちんかい》からは上野国世良田の長楽寺の相承となり、一方、弁円へ流れて、慈妙を経た一流は、慈妙が尾張国東春日井に密蔵院をはじめて、密蔵院灌室の基となった。

新宗派の出現

よく、比叡山は、日本仏教の母山であると誇称する。平安時代末から鎌倉時代にかけて、専修選択の一宗をかかげて、この山から輩出した人師は、いわゆる鎌倉仏教の祖師たちである。

このような、実践的な方法において、おのおの宗を立て、宗を別っていく根底には、最澄以来つちかわれた、一乗仏教の思想が横たわっている。たとえ一声の念仏、一声の唱題、坐禅の一法をもって、仏教的な救済悟入が成立するとすれば、生きとし生けるものに成仏を約束した、一乗思想においてなにが基盤となりえようか。

さらに、恵心流、檀那流にあらわれる、観心主義の傾向が、理論的斉合性をうんぬんするよりは、実践的方法を選択して、仏教のめざすところを実現する、自由な仏教運動を産み出しやすくしていたはずである。

もっとも早く、一宗を形成したのは、良忍《りようにん》による融通念仏宗であろう。一連の浄土教思想が胚胎する十一世紀に、良忍は、叡山に学び常行堂の堂衆であったが、寛治八年（一〇九四）大原におりて声明《しようみよう》を学び、みずから来迎院《らいごういん》、浄蓮華院《じようれんげいん》を創建し、中国の梵唄の霊地にちなんで、大原を魚山と名づけた。以来、はげしい念仏六万遍の修行をして、「一人一切人、一切人一人、一行一切行、一切行一行、是名他力往生」との偈を感得し、ひとりの念仏と、すべてのひとの念仏と、あい融合して、その功徳が完成するという示唆のもとに、天治元年（一一二四）、鳥羽上皇はじめ貴賤上下に念仏を勧進し、摂津国平野に大念仏寺をたて、融通念仏の拠点とした。

永承七年（一〇五二）は、末法元年であるとの末法思想は、当時世にひろまっていたが、いわゆる鎌倉新仏教の多くは、その時機観に立っている。源空《げんくう》は、いわゆる法然《ほうねん》であるが、比叡山西塔北谷の源光に師事し、さらに皇円について学び、のち黒谷の叡空の門に入って、一切経を読破するなどして、ついに安元元年（一一七五）、善導の『観無量寿経疏』を読むにいたって、口唱念仏の一行を選択し、座主顕真の企てによる文治二年（一一八六）の大原談義でその主張を発揮した。一方に、念信流行をこころよしとせぬ山門僧徒の弾圧もあり、一方に九条兼実《くじようかねざね》の庇護もあり、『選択本願念仏集《せんぢやくほんがんねんぶつしゆう》』一巻をあらわしている。浄土宗の宗祖である。

親鸞《しんらん》は、源空に師事し、配流に際しては行をともにしているが、慈円について得度し、比叡山常行堂の堂僧として、不断念仏をつとめた。建仁元年（一二〇一）、京都六角堂に参籠して、聖徳太子の夢告を得て、半僧半俗の優婆塞としての生きかたを決し、のち越後に配流せられ、常陸にいたり、『教行信証《きようぎようしんしよう》』六巻をあらわし、浄土真宗をおこしている。

栄西は、臨済宗の祖。まえにみたように、台密葉上流の祖でもある。備中国に生まれ、郷土の安養寺で天台を学び、十四歳で比叡山で受戒し、平治元年（一一五九）延暦寺で有弁についた。仁安三年（一一六八）、宋へ渡って、天台論疏を伝え、インドをめざし、文治三年（一一八七）宋へ再び渡り、天台山万年寺虚庵懐敞《こあんえじよう》について臨済禅の正系をうけ、帰国して、達磨宗停止の令にふれたが、『興禅護国論』をあらわし、最澄所伝の禅法の復興をかかげ、禅宗を鼓吹した。

この栄西の門に入ったのが、道元《どうげん》である。建暦三年（一二一三）、公円座主にしたがって出家し、のち栄西のひらいた建仁寺で明全に師事し、貞応二年（一二二三）入宋して、天竜山如浄について曹洞禅の正系を伝えた。天福元年（一二三三）、興聖寺をはじめ、曹洞禅をおこし、のち越前に永平寺を修した。『正法眼蔵《しょうぼうげんぞう》』はその主著である。

日蓮は安房国の出身。諸宗を学び、清澄寺で出家、二十一歳のとき、比叡山に入り、横川定光院で俊範らから天台を学んだ。建長五年（一二五三）、法華の題目を清澄山頂に高唱し、日蓮の唱題行ははじまる。のち、真言、律、念仏、禅の諸宗を四箇格言をもって排し、国難に諫言して『立正安国論《りっしょうあんこくろん》』をあらわし、末法相応の法華経行者の面目躍如として、のち佐渡に流され、その教義は一層徹底し、『観心本尊抄』『開目抄』などをあらわしている。

一遍《いっぺん》は、鎌倉新仏教の掉尾をかざる。その名は智真。伊予国河野氏の出身。建長五年（一二五三）出家して比叡山にのぼり、慈源に師事したとの説がある。弘長三年（一二六三）から、諸国に念仏をすすめ、熊野権現に参詣して神託を得た。「六字名号一遍法、十界依正一遍体、万行離念一遍証、人中上上妙好華」という偈であった。一遍と名をあらため、念仏の札を配って念仏を勧化したのである。時衆ないし時宗、あるいは遊行《ゆぎょう》宗とよばれる。

中世史と天台教団

僧兵の横行

頭を袈裟でつつんだ裹頭《かとう》といういでたち、目ばかりが光っていて人相はつかめない。墨染の衣をたくしあげて、ときには甲冑さえ着けている。手には、ぎらぎらとした大長刀《おおなぎなた》をたばさんで、押しころしたような声をあげて徒党をくんで横行する。山法師、僧兵と呼ばれる手合いのいでたちである。

それぞれの出身は、ともすると私度僧であり、ともすると、僧とは名ばかりで、山門の食客であるかわりに、諸堂や行事の下まわりの世話にはげみ、一朝山門に敵対するものあれば、大講堂の前庭に集って、ときの声をあげて山を馳《は》せくだる。あるいは、日吉山王の神輿をふりたて、あるいは祇園社の神輿をかつぎ出して、嗷訴《ごうそ》におよぶ。その強引なかけひきは、王法をもおそれず、仏の慈悲行などかけらほどもない。

僧兵の評判は一向におもわしくない。その活躍は、山門と寺門（園城寺）の対立あたりから、めだちはじめてくる。

園城寺が戒壇を建てんとしたときには、朝廷が態度を決しかねたため、別のきっかけで永保元年（一〇八一）、山門の僧兵は園城寺を焼き払ってしまっている。その問題は、はるか元応元年（一三一九）にまでおよんで、園城寺がひそかに戒壇を建てようとしたと聞きおよんだ、たしかに園城寺内の急進派が、既成事実をつくることを急いだためで、山門は園城寺をおそい、またまたことごとくを焼亡せしめた。

僧兵（『天狗草紙』から）

あるいは、寛治六年（一〇九二）、日吉社の所領に関する訴訟に際し、係の藤原為房、仲実が神人《じにん》を害した事件、治承元年（一一七七）の、加賀国国司が、寺で馬を洗った舎人《とねり》がとがめられたことに対し、坊舎を焼き、これに対する白山衆徒の訴えに呼応した一件、それに関する座主明雲の罷免をついにとりやめさせた一件、はるかくだって、建久二年（一一九一）の、近江国佐々木庄への千僧供料の貢納督促に際しての、山徒の暴行に対応した、守護佐々木父子とのいざこざ、など、いずれも僧兵は、その権益の回復をはかって嗷訴をくりかえし、かつそのごり押しは、多くの場合、ついにはききいれられるという、ありさまであった。

勝野隆信教授のまとめた『僧兵年表』をみると、天元四年（九八一）の法性寺に余慶が座主になった件で嗷訴したことから、信長の焼き打ちのあった元亀二年（一五七一）までの五百九十年ばかりの間に、百六十回の山徒の紛争が数えられる。

後醍醐天皇第一皇子の護良《もりなが》親王は、天台宗に入って、嘉暦二年（一三二七）十二月、天台座主となった。第八皇子の宗良《むねなが》親王も、元徳二年（一三三〇）十二月、つづいて天台座主になっている。尊雲、尊澄の両座主である。

討幕を企てた後醍醐天皇は、比叡山に行幸して、一山の人心を掌握した。元弘元年（一三三一）には、比叡山行幸の風評顕著となって、天皇にやつした師賢を山門に送り、天皇みずからは、奈良にひそかに行幸した。

山門には、陸続《りくぞく》と僧徒が集い、六波羅探題の一隊と、坂本に合戦したのである。しかし、天皇がみがわりの師賢であったことが露見するにおよんで、山徒は軍務をはなれてしまうこととなり、尊雲、尊澄は山をあとにし、笠置《かさぎ》へむかった。笠置は落ち、天皇は隠岐《おき》に移されたけれど、ふたたび、尊雲の牒をえて山門は六波羅を攻めることとなった。一方、隠岐をのがれた後醍醐天皇は、伯耆《ほうき》国の船上山《せんじょうさん》に兵をまとめ、大山寺僧徒がこれに加担した。しかし、戦略に欠けた比叡山僧徒は、六波羅に敗北した。

ときに、足利尊氏が討幕の軍を六波羅にむけ、持明院《じみょういん》統から座主となっていた尊胤は、一派の敗走にともなって、山をあとにして都落ちをした。後醍醐天皇は復位し、尊澄は天台座主にもどり、尊雲は征夷大将軍に任ぜられて京都に入った。ここで足利尊氏の讒言《ざんげん》があり、尊雲は還俗《げんぞく》して護良親王となっていたが、鎌倉に流され、その命をおわるにいたったのである。

足利尊氏は、建武二年（一三三五）、北条時行を鎮めるため関東へむかい、かえってそこで天皇に叛くことになった。尊氏は、京都に進撃し、山門は後醍醐天皇に味方して、防衛の軍に加わり、糧食を調達するなど、援助をおこなった。はるか関東から尊氏を追った北畠顕《きたばたけあき》家《いえ》と合し、尊氏の拠点である園城寺を攻めこれを落した。尊氏はしかし、軍を分散したり、退却したりしてかろうじて京洛にふみとどまり、延元元年（一三三六）六月、山門を攻撃した。しかし、山門勢はこれをよく防戦し、その勢いで洛中になだれこむと、尊氏に討たれ、山上にまで退いた。さらに大衆は僉議《せんぎ》し、東大寺および興福寺の応援をたのんだが、尊氏の懐柔策にはばまれ、かつ、尊氏は、降伏とみせかけ、天皇の還御をはかったので、ついに、山門僧徒らの勢力は分断され、天皇は尊氏の手中に帰し、延暦寺は取りつぶしを受けんというところまで追いこまれた。

玄慧の陳弁で、ようやく旧領の安堵がはかられ、延暦寺は、室町幕府の統制下に入ってしまうのである。

信長の焼き打ち

比叡山の僧兵は、つねにその権益を守るのに敏感で、ただ園城寺門流の利益をねたんだのみならず、各地の国衙《こくが》とも衝突し、所領をめぐって争いを生ずることも、たびたびであった。それればかりか、興福寺の衆徒と争うこともたびたびで、それは宮中の最勝講をめぐるトラブルであった。また、新興の念仏、禅の諸宗に対して、その停止を迫ったことも、いくたびかある。また、天文五年（一五三六）の、京洛の日蓮宗寺院焼き打ちは、比叡山西塔の花王房が、一条烏丸で日蓮宗信徒に問答をしかけられ、これに破れたことに端を発し、これに、応永年間（一三九四―）以来、日蓮の徒が地方で法華宗を名乗ったことに対して、論争があいついだ結果のものであった。世に、天文法華《てんもんほっけ》の乱と呼ばれている。

また、嘉吉《かきつ》三年（一四四三）、伊勢国一志郡に生まれた真盛は、光明寺の盛源について学び、出家してから、十九歳で比叡山に入り慶秀に師事し、円密二教を学んで、文明十五年（一四八三）黒谷青竜寺に隠棲した。念仏を日課とし、やがて、『往生要集』に感ずるところがあって、この世に円教菩薩戒をまもって生きかたを正し、念仏称名にはげんで、後世に往生を決定し、戒称二門を宗旨とした。これが、真盛派である。真盛は、宮中に各地に、戒称二門を鼓吹して、文明十八年（一四八六）西教寺を興して、ここを根本道場とした。貴賤老若の帰依は各地におよんだ。

山門は、明応二年（一四九三）、坂本の馬借《ばしゃく》と争い、その馬借の死者を葬った西教寺をおそうにいたっている。

ところが、この山門の牙城が、ついに壊滅的な打撃を被るときがくる。イエズス会宣教師、フロイスの『日本史』には、キリスト教の伝道の許可も、比叡山で与えているように書いてある。また、比叡山は総合大学であるかのようにいい、三千八百の僧院があったとも伝えている。

この威勢を誇った山門も、信長が京畿の地の平定をもくろみ、近江で六角義賢《ろっかくよしかた》を敗走させ、六角氏を援護する、浅井長政、朝倉義景が近江へ攻め入り、信長と元亀《げんき》元年（一五七〇）六月二十八日、姉川に戦い、敗れた。

一方、阿波《あわ》国の三好氏三党が、将軍義昭を討ち信長の計画をくじこうとし、浅井、朝倉の両氏もこれに通じて、比叡山に陣した。

信長は、比叡山山徒の懐柔策に出、中立を保てば山門領で手中にあるものをすべて返すが、敵に味方するようなことがあれば、根本中堂はじめ山王二十一社にいたるまで、ことごとく焼き払うと申し入れてきた。

山徒は、かねて、信長の奉行の森三左衛門長康が、美濃、近江などことごとくの山門領を収公してしまったことを訴えていた。しかし朝廷は、信長の禁裡修理の志が折れてしまうことをおそれて、綸旨《りんじ》をもって、山門領を回復する一方、山門のちかごろの行状は、すこしも国家安寧の祈禱もなさず、自己の権利ばかりを主張していて、山門の衰亡もそのむくいだとして、これをいましめた。

信長は、綸旨の山門戒告の主旨をうしろだてにして、ことを処したので、ついに山徒の反抗となり、元亀二年（一五七一）九月十二日、信長は比叡山を包囲し、ついに山上へ攻めのぼり、根本中堂、山王二十一社、東塔、西塔、無動寺谷等、日吉山王社関係百八社、その他百八社等にいたるまで焼き払われ、僧俗男女数千人、仏像経巻のことごとくを失ったという。

伝えられるところによれば、秀吉の固めた横川香芳谷の口は、秀吉のはからいでやや寛大で、ために山上の重宝を大原等へ避難させることができたという。

近世天台の勃興

天海の業績

信長の比叡山焼き打ちは、元亀の法難として、天台教団が、おのれをかえりみる機会となっているが、この一山壊滅の状態を復興させようという動きは、早くからあった。ひとつは、武田信玄が、甲斐《かい》国内にこれを移そうと企図したことが、元亀三年（一五七二）の上杉謙信の覚書から知られる。しかしこれは果たされなかった。また近江国蒲生の中荘山に新比叡山が営まれ、佐々木義郷の援護をうけたというはなしもある。

ここに、日吉社家行丸《ゆきまる》の奔走や、秀吉に通じた全宗、詮舜らの努力で、天正十年（一五八二）山王七社の仮殿が造られ、十二年五月には山門復興の公許が得られた。天正十三年、秀吉は二千石を贈って、主命に背きがたく、残りは縁を募りて衆の力で再建せよとした。かくて、綸旨を得、勧進の疏をつくり、一山大衆は力をあわせて諸国に勧進し、主要堂塔の再建

慈眼大師天海　延暦寺蔵

も計画した。これに家康をはじめ諸国の大名が応じ、諸末寺にも勧進して、大山寺、播磨随願寺、鶴林寺、上総三途《さんず》台《だい》長福寺等がこれに応じた。

天正十三年（一五八五）、根本中堂が建ち、出羽立石寺に伝えられていた常灯の灯をもどし、美濃横蔵寺から、本尊を勧請した。つづいて園城寺弥勒堂を移して、西塔転法輪堂となし、法華大会再興、寺領の寄進、僧侶の粛清もはたされた。

ときあたかも元亀元年（一五七〇）、信長が厳重に包囲するなかを、比叡山に登ろうとした僧があった。これが天海《てんかい》である。ときに三十五歳。信長の焼き打ちをさけて、甲斐にもどり、天正元年（一五七三）には、生地である会津に帰った。その間、世良田長楽寺におもむき、葉上流の灌頂を受け、大阿闍梨位に登っている。

二十年ちかい会津の稲荷堂の住地から、川越の無量寿寺《むりょうじゅじ》（喜多院《きたいん》）に来たのは、天正十八年（一五九〇）、天海五十五歳のときである。江戸城に家康を訪れ、面識を得たのは、この年のことである。

以後、江戸崎の不動院を兼ね、慶長四年（一五九九）十二月、豪海のあとを襲いで、喜多院第二十七世となった。九年（一六〇四）、長沼宗光寺《そうこうじ》を復興し、七十二歳の十二年（一六〇七）比叡山東塔南光坊の住職となり、法曼流を伝え、宮中講会の講師となり、広学竪義の探題をもつとめることになった。

家康との交際が繁くなるのは、慶長十七年（一六一二）の頃からで、天海すでに七十七歳であった。江戸城に参じ、喜多院に家康をむかえ、駿府《すんぷ》におもむき、家康に従い、家康も帰敬の念浅からず、喜多院にしばしば寺領を寄せている。その間、しばしば論義法要を営むと多く、天台の血脈を相承して、おおいに教学の振興をもはかったものといえる。

大坂夏の陣で勝利をおさめた家康に、その元和《げんな》元年（一六一五）、天台の法門を伝え、また、山王一実神道を伝えている。こうして天海は、元和二年四月十七日、家康が没すると、家康に権現《ごんげん》の号を贈ることを提言し、崇伝《すうでん》の明神《みょうじん》号と対立することがあったが、ついに翌年二月、東照大権現の神号を勅賜せられるはこびとなった。

天海は、久能山《くのうざん》に葬られていた家康の遺骸を日光に移し、新造の東照宮奥の院に、山王一実神道の方式で安置し、神位を正殿に奉安した。

二代秀忠を庇護した天海は、秀忠のはからいで、江戸府内の住居として、元和八年（一六二二）上野の地を寄進され、ここに東叡山寛永寺《とうえいざんかんえいじ》を草したのである。寛永九年（一六三二）、秀忠のあと家光が将軍となり、つづいて天海に帰依し、同十三年（一六三六）に、天海が病を発したときは、親に仕える子のごとくに、その看病にあたった。
天海は、公海を導き、天海版一切経を開版し、兵火を免れた天台の典籍を、整理統合して天海蔵を組織し、長楽寺、喜多院を新修し、公家のために講経、祈禱を重ね、ついに、寛永二十年（一六四三）十月二日病癒えず示寂した。ときに、天文五年（一五三六）より数えて、百八歳であったという。

関東天台

関東地方への天台宗の伝播は、さかのぼれば、最澄、円仁らの東国巡化にいたりつくことであろう。とくに、最澄が、下野の大慈寺に、上野の緑野寺に、六所宝塔のうち、安北、安東の二基の宝塔を置いて、一千部の法華経を安置されてからは、天台宗の拠点はここに印せられたのである。

さらに、この地方から以北に伝わる、おびただしい円仁開基とする寺々の伝説は、円仁の弟子安慧の、出羽国の国講師に任ぜられたことなどとも、かかわることであろう。あるいは、奥州平泉の、毛越寺、中尊寺の経営も、みのがしえない事件であるにちがいない。

硲慈弘教授によれば、たとえば、寛元年中（一二四三—）に、河田谷《かわたや》の心尊が恵心流を伝え、川越仙波《せんば》の無量寿院を中心に弘まり、田舎恵心と称することは、即、田舎天台であるというところまで、地方を席倦したといわれる。心尊の弟子の心観、尊海はその中心をなしていった。尊海の弟子に寛海、全海があり、仙波に講学に努め、盛海は下野長沼の宗光寺《そうこうじ》の談所をひらき、豪海は、武蔵金鑽《かなさな》談所を開いて、関東三檀林が成立した。

しかし、心尊以前にも恵心流は伝わっていたであろうとされ、檀那流も皆無ではなく、『檀那流門流相承資』には、恵光房流の経祐一門が多くこの地に到っていることを、誌している。

また、鎌倉幕府が開かれてからは、自然に政治の中心となった関東に、諸宗が入ってきたはずであるともいう。

慶長十八年（一六一三）二月二十八日、幕府は、関東天台宗に法度を出した。

一、本寺に伺《うかが》わず、恣《ほしいまま》に住持すべからざること。

一、非器《ひき》の輩は、所化に付すべからず、ただ、前々法談の所においては、用否を時宜に随うべきこと。

一、末寺のために、本寺の下知を違うべからざること。

一、関東本寺の儀を請わず、山門より直ちに証文を取るべからざること。

一、関東において追放の仁は、介抱すべからず。もしまた山門において、押して許容あらば、関東において山門の下知を請うべからざること。

一、所化衆の法談所の経歴は、二季を欠くべからざること。

一、一山の学頭別当ならびに衆徒、依怙《えこ》あるに至らば、本寺において、その沙汰あるべきこと。

右、堅くこの旨を守るべきなり。

おおよその意味は知れるであろうが、つねに関東では、そのなかの本末関係でことを処理し、直ちに比叡山と結びつくことを、禁じている部分が、意味深長なところであろう。辻善之助博士は、再興後の比叡山が、以前のように公家をないがしろにするまでに、その勢力と、一宗への結びつきが強まらないよう、たくみに関東側に自主性を与えたものであるという。

それればかりか、東叡山輪王寺と日光輪王寺に、天海は皇子を屈請《くつしょう》し、新興の二大門跡たらしめて、関東における天台宗の統率機関としたのであった。こうして、まさしく関東天台は、名実ともに近世天台の中心とまで、なっていったのである。

安楽騒動

天台宗にとって、その教理思想上にまでかかわる、近世の事件といえば、妙立、霊空が、宋の知礼らの天台教学を移し入れ、その風を仰いで、小乗の戒である四分律を受けることが、宗祖最澄の正意であるとした、安楽律の提唱であった。

妙立は、美作《みまさか》に生まれ、禅等を学んだのち、寛文四年（一六六四）比叡山下坂本にいたり、泉涌寺《せんにゅうじ》に学び、槇尾山において比丘戒を受けようとして得心をせず、ひるがえって天台宗に帰した。自誓して具足戒を受け、厳格に身を律して、趙宋代の天台教学を鼓吹し、四分律を兼持し、頽廃の僧風をただそうというものであった。しかし、山門大衆は、宗祖以来のありかたに違するとしてこれを追い、妙立は延宝六年（一六七八）坂本を出た。しかし妙立に、聖護院道祐、梶井宮盛胤、毘沙門堂公弁らの法親王が耳を傾け、妙立の制規を実現すべしとしたから、紛争の端がひらかれた感がある。

霊空は諱《いみな》を光謙というが、西塔星光院にあって、妙立に入門し、星光院を退いて、各地に趙宋の天台学を講じ、妙立の没後そのあとをついだ。輪王寺宮公弁が、比叡山安楽院を律院とし、一門の道場としてみとめ、霊空を住持とし、妙立の廟を移し、安楽律の一派はそのかたちをととのえた。享保八年（一七二三）に東叡山に浄名院、同十四年に日光に興雲院ができて、それぞれ一派の拠点となった。

宝永三年（一七〇六）、霊空は隠居し、かつ自由に各地に教えを講じ、この間、『弾弾妙立破霊芝章』を著わして、妙立を批判した宗覚との論争や、園城寺義瑞と、霊空の実践行としてはじめた即心念仏に関して論争が行われたりもした。

さらに、主張を具体化するために、比叡山の十二年籠山制を復せんとし、管領宮はこれをみとめ、さらに元禄十二年（一六九九）開山堂侍真の制を設け、籠山僧に祖廟の給侍をさせた。霊空の弟子には、玄門がある。

公弁や、公遵が、安楽律一派の主張をみとめ、数々の新制を設けると、その安楽律派の主張が、大乗戒は、初修業のもののための相待的な戒、小乗四分律戒は、久修業のものの必ず持つべき絶対戒というところにあったから、真流が、最澄の主張を研究して、宝暦二年（一七五二）、『顕戒論闡幽記《せんゆうき》』『学生式顕正解《けんしょうげ》』『大戒決疑弾妄録』などを、管領宮公啓にすすめ、安楽律派の主張を破し、公啓は両者を対論させ、四分兼学の安楽律の主張を廃するにいたった。

ところが、安楽派は幕府に、兼学の制の復旧を直訴し、幕府は取扱いに苦慮したが、こうした教団内の紛争が持ちこまれるのは、教団の監督行きとどかぬものと、東叡山執当の空《くう》潭《たん》、貫亮《かんりょう》を退職させ、慈秀《じしゅう》、守玄《しゅげん》にかえた。幕府は、安楽派の主張はみとめ、反対して調印しなかった僧徒十二人を追放し、安楽派の直訴したものも追放して、ために、安楽派は伸張の余地をなくした。

公啓のあと公遵が管領宮となると、かねてから好意的であった安楽派の四分律兼学の制をみとめ、各山律院を復旧し、これに対する異議を禁じ、このかたちで、明治をむかえることになった。

復古派真流は罰せられたが、園城寺には敬光があって、妙立、霊空の趙宋の天台教学を第一とするいきかたに反対して、天台の正統ではないと批判し、『山家正統学則《さんげしょうとうがくそく》』『北嶺教時要義』などを著わし、日本天台の正統の受学の方軌をさししめした。門下に、敬天、亮磌、仏猊、敬彦、良厳、敬長がある。

その後の天台宗

近世の天台宗は、むしろ、安楽律一派のおよぼした、いわゆる安楽騒動によって、宗徒の意識を昂揚する結果となったことは、みのがすわけにはいかない。

そして、安楽派の主張した、宋代天台教学の研究は、さかのぼって、天台智顗の教学、唐代に教学興隆をはかった湛然の布張という、日本の天台宗にとっての、原天台に対する教学的関心を高めたことになる。

天海、公海をつぐ守澄は、法親王であるが、座主となり、輪王寺宮として管領宮の役割を得て、制度的にも関東中心に、天台宗が動いていくことになる。寛永年間、東叡山学寮が設置され、勧学講として、関東の八檀林や他地方の談所等の上に位置して、宗侶の教育研究の課程が組織化されるにいたった。こうした傾向は、宋代天台学の教相中心のありかたを、ひろく普及したのみならず、上野浄名院にあって、講学に力をふるった、慧澄のごとき学僧を生むにいたった。その門下には、明治期の天台教学をひきいる、普潤《ふにん》、慈熏あるいは浄土宗の行誡等が輩出している。

明治維新のおもむくところ、神仏判然令にまでおよんだが、それは各地に排仏、神仏分離の動きを生じて、本地垂迹説《ほんじすいじやくせつ》等によって、固くむすばれていたすべての神殿、神体などは、一部には批判があったが、これを分離したのである。ことに、排仏の気運の強いところでは、寺院の打ちこわし等にまでおよんだ場合があり、天台一宗を総合した損害は莫大なものであった。

近代から現代にかけては、管領宮は廃されて、比叡山中心の制度にもどり、維新直後の大教院の制度は、まもなく挫折し、各宗別の大教院がおかれた。寺門、盛門のごとく、宗教信仰上の主座のほかに管長の別置がはかられてもいる。国法の変遷に乗じて、ときには各派合作し、ときには各々一宗として独立していくが、ついに、天台宗も真言、浄土、真宗、臨済、曹洞、日蓮等の諸宗と、まったく同列に並んで、宗教団体、宗教法人の相対的な一宗として、とりあつかわれるにいたったのである。

天台宗研究の状況

日本の天台宗を研究するもののためには、『大正新脩大蔵経』の第七十四巻から第七十七巻、同じく図像部、あるいは、『大日本仏教全書』『日本大蔵経』などに収める諸書が、基本となる。さらに、新旧両版の『伝教大師全集』『智証大師全集』『恵心僧都全集』『覚超僧都全集』(未完)『慈眼大師全集』などのほか、『天台宗叢書』『天台宗全書』などが、基本的な資料となるであろう。この厖大な天台宗の文献を検索するには、渋谷亮泰編『昭和現存天台書籍綜合目録』や『仏書解説大辞典』『国書総目録』などという、恰好なリストがあるし、『大日本仏教全書解題』『日本大蔵経解題』などが、ガイドブックとして適切であろう。

ほかに、渋谷慈鎧編『日本天台宗年表』や『天台座主記』も、つねに参照すべき書物である。

日本の天台宗全体をカバーする論著としては、島地大等著『天台教学史』(昭和四)、上杉文秀著『日本天台史』正続(昭和一〇)、硲慈弘著『天台宗読本』宗史編(昭和一四、のち大久保良順補注『天台宗史概説』昭和四四となる)、福田堯穎著『天台学概論』(昭和二九)、同著『続天台学概論』がある。

ほかに、日本仏教全体に言及するものとして、大屋徳城著『日本仏教史の研究』(昭和三)、辻善之助著『日本仏教史』(昭和一九)、同著『日本仏教史之研究』正続(大正八)、家永三郎著『上代仏教思想史研究』(昭和四一再刊)、家永三郎監修『日本仏教史』古代篇(昭和四二)などがあって、それぞれに、日本の天台宗についての研究が載っている。

最澄にかかわるものでは、三浦周行著『伝教大師伝』(大正一〇)をはじめ、佐々木憲徳著『山家学生式新釈』(昭和一三)、塩入亮忠著『伝教大師』(昭和一二)、同著『新時代の伝教大師の教学』(昭和一四)、堀一郎著『伝教大師』(昭和一八)、木村周照著『伝教大師――大戒建立の理念と信念』

（昭和三六）、塩入亮忠他編『伝教大師・弘法大師集』（仏教教育宝典、昭和四七）、山田恵諦著『伝教大師と法華経』（昭和四九）、それに筆者の『伝教大師の生涯と思想』（昭和五一）、渡邊守順著『伝教大師最澄のこころと生涯』（昭和五二）、そして、本多綱祐訳注『訳注叡山大師伝』（昭和四三再刊）のほか、安藤俊雄、薗田香融校注『最澄』（日本思想大系、昭和四九）、渡辺照宏編『最澄・空海集』（日本の思想、昭和四四）などの訳注本がある。さらに、天台学会編『伝教大師研究』（昭和四八）は、多数の学人による最澄関係研究論文の集大成で、当代の水準を示すものである。

福井康順著『東洋思想史論攷』（昭和二五）、勝野隆信著『比叡山と高野山』（昭和三四）、鶴岡静夫著『日本古代仏教史の研究』（昭和三七）、同著『古代仏教史研究』（昭和四〇）、石田瑞麿著『日本仏教における戒律の研究』（昭和三八）、浅井円道著『上古日本天台本門思想史』（昭和四八）、高木豊著『平安時代法華仏教史研究』（昭和四八）、仲尾俊博著『日本初期天台の研究』（昭和四八）、村山修一、景山春樹共著『比叡山』（昭和四五）、景山春樹著『比叡山寺』（昭和五三）、壬生台舜著『叡山の新風』（昭和四二）などに、最澄に言及するところがある。

円仁については、小野勝年著『入唐求法巡礼行記の研究』（昭和三九）、足立喜六訳注・塩入良道補注『入唐求法巡礼行記』（昭和四五）、E. O. Reischauer の“Ennin's Diary”（昭和三〇）、同著“Ennin's Travels in T'ang China”（昭和三〇、邦訳、田村完誓訳『世界史上の円仁―唐代中国への旅』昭和三八）、天台宗顕揚会編『慈覚大師』（大正三）、山田恵諦著『慈覚大師』（昭和三八）、福井康順編『慈覚大師研究』（昭和三九、円仁関係研究論文集）などがある。本多綱祐訳注『訳注慈覚大師伝』も出ている。

円珍については、園城寺から『園城寺の研究』『智証大師』が出ている。

安然の伝記研究では、白眉の論文が橋本進吉著『伝記・典籍研究』（昭和四七）に収載されている。

良源については、近著の平林盛得著『良源』（人物叢書、昭和五一）が充実しており、山田恵諦著

『元三大師』（昭和三四）もある。

源信については、八木昊恵著『恵心教学の基礎的研究』（昭和三七）、石田瑞麿校注『源信』（日本思想大系）があり、花山信勝校訂訳注『漢和対照往生要集』（昭和五二再刊）などもある。

さて、個々の法門についてみると、清水谷恭順著『天台の密教』（昭和四）、同著『天台密教の成立に関する研究』（昭和四七）などが密教の研究書である。ほかに、天台宗全体にかかわるいくつかの著書に、当然、密教についてものべている。

浄土教関係では、井上光貞著『日本浄土教成立史の研究』（昭和三一）が、すでに古典的名著である。石田瑞麿著『浄土教の展開』（昭和四二）、同著『往生の思想』（昭和四三）、山口光円著『天台浄土教史』（昭和四二）、伊藤真徹著『平安浄土教信仰史の研究』（昭和四九）のほか、速水侑著『平安貴族社会と仏教』（昭和五〇）、同著『浄土信仰論』（昭和五三）、同著『観音信仰』（昭和四五）、同著『地蔵信仰』（昭和五〇）など、ユニークな研究も出る。

史学の立場からとり出された、中世の天台宗の展開をのべるものには、村山修一著『古代仏教の中世的展開』（昭和五一）、黒田俊雄著『日本中世の国家と宗教』（昭和五〇）があり、多賀宗隼著『慈円』（人物叢書、昭和三四）がある。さらに、教理の展開をおさえ、鎌倉仏教成立を見通したものには、硲慈弘著『日本仏教の展開とその基調』（昭和二八）と田村芳朗著『鎌倉新仏教思想の研究』（昭和四〇）がある。多田厚隆、大久保良順、田村芳朗、浅井円道校注の『天台本覚論』（日本思想大系、昭和四〇）も出ている。

辻善之助著『天海』（昭和一八）があるほかは、近世天台の研究書は、皆無に等しい。

ほかに、周辺をあつかうものに、『筑土鈴寛著作集』（昭和五一）が、文学と仏教、とくに天台宗とのかかわりを論ずることが多く、また、吉山亮薫著『天台美術史序説』（昭和四二）も独自の成果である。

解説　父・木内堯央の仕事と、その後の研究動向

木内堯大

日本の天台宗は最澄を起点として、一乗仏教の名のもと、法華経、密教、禅、戒律、浄土教、神道など様々な教えを吸収し発展していった。その多様性が天台宗の魅力であり、特徴であり、研究を困難にしている点でもある。また、天台宗は桓武天皇の庇護のもとに誕生したが、その後も国家や権力者との深い関わりを通じて発展していった。すなわち、日本天台史を語る場合には、教義のみならず政治、経済、社会、文化などの様々な視点を持つことが必要とされるのである。

本書は最澄からはじまる日本天台宗に関して、人物や思想を中心としながら、歴史的な側面を踏まえつつ著された入門書である。祖師の伝記は、時に信仰的な側面が強く打ち出される傾向が見られるが、本書は客観的な史料に基づき綴られている点が特徴と言えよう。出版からすでに四十年余りが経過しているため、学説や用語にやや古い部分も見られるが、日本天台宗の基本的な骨子を理解する上では、最善の入門書と言えるであろう。最澄、円仁、源信など、それぞれの人物に関する入門書は多く出版されているが、日本天台宗全体を通史的に概観する入門書は本書以外にほとんど見られないのが現状である。

著者である父・木内堯央は、昭和十四年（一九三九）、東京都墨田区の天台宗寺院、如意輪寺の長男として生まれた。小学生の頃はマンガを描くことが好きで、わら半紙で手書きのマンガ冊子を作っ

て、クラスの友達を喜ばせていたという。目次や奥付まである本格的な体裁で、随分と凝ったものであった。その頃、満州から引き揚げてきた転校生に、絵が得意な子がいると聞いた父は、一緒にマンガを描こうと誘ったのである。父に誘われて生まれてはじめてマンガを描くことになった人物こそが、後に漫画家となるちばてつや氏であった。現在連載中の自伝マンガである『ひねもすのたり日記』（小学館）にも、マンガに出会わせてくれた恩人として、父のことが描かれている。

その後、父は寺院の継承者として、東京・西巣鴨にある仏教系大学である大正大学へと進み、天台密教や最澄の教学を中心に研究を進め、大正大学教授となった。

はじめに『伝教大師の生涯と思想』（第三文明社、一九七六）、次に本書（教育社、一九七八）を刊行し、以後、最澄の伝記である『比叡のあけぼの　最澄』（日本教文社、一九八〇）、天台密教の研究書である『天台密教の形成　日本天台思想史研究』（渓水社、一九八四）、天台宗の日常経典の解説書『天台宗勤行教典』（鎌倉新書、一九八五）、最澄の入門書である『悲願に生きる　最澄』（中央公論新社、二〇〇〇）をはじめ多くの著作を出版している。平成十四年（二〇〇二）三月に六十三歳で亡くなったが、その後、論文集として『日本における天台宗の形成』（宗教工芸社、二〇一二）、『日本における天台宗の展開』（宗教工芸社、二〇一二）の二冊を刊行した。その論文の内容は中国仏教、古代から近代に至る日本天台宗の思想や歴史、儀礼、図像など多岐にわたっている。また天台宗の人物、歴史、教学、儀礼等について、一般向けに書かれたものを集成した『天台宗入門　人と教え・儀礼』（宗教工芸社、二〇一六）も出版されている。近年、木内堯大との共著で仏教者二〇九人の生涯や教えについて綴った『仏教の教えを築いた人々　高僧・名僧列伝』（宗教工芸社、二〇一八）を刊行した。これが木内堯央の最後の著作ということになるであろう。

本書の文庫化にあたり、延暦寺、園城寺、一乗寺、求法寺、観音寺の関係者各位から快く写真使用のご許可を頂いた。心より感謝の意を表する次第である。また、絶版になっていた本書が再び日の目を見ることができたことに関して、編集者の講談社学術図書編集、梶慎一郎氏に御礼申し上げたい。

最後に、本書末の「天台宗研究の状況」に追加して、原本を刊行した一九七八年以後、現在に至るまでの日本天台の研究動向について言及したい。

まず、基本的史料としては天台宗典編纂所編『続天台宗全書』（春秋社）第一期十五巻、第二期十巻、第三期十巻（刊行中）が出版されている。その解題として『正続天台宗全書目録解題』（春秋社、二〇〇〇）がある。天台神道関係の史料としては『神道大系』（神道大系編纂会）に「日吉」（一九八三）、「天台神道」上（一九九〇）・下（一九九三）が、『続神道大系』（神道大系編纂会）に「東照宮」（二〇〇四）、「戸隠」一・二（二〇〇一）等がある。また、『史料纂集』（八木書店）に『妙法院日次記』（一九八四～二〇一九）、『京都御所東山御文庫所蔵延暦寺文書』（二〇一二）、『長楽寺文書』（一九九七）、『慈性日記』（二〇〇〇、二〇〇一）、『近江大原観音寺文書』（二〇〇〇～刊行中）等が翻刻されている。その他、妙法院史研究会編『妙法院史料』（吉川弘文館、一九七六～一九八二）、塩入亮善・宇高良哲編『喜多院日鑑』（文化書院、一九八六～二〇一二）、浅草寺史料編纂所・浅草寺日並記研究会編『浅草寺日記』（吉川弘文館、一九七八～刊行中）、廣田哲通他編著『日光天海蔵直談因縁集』（和泉書院、一九九八）、小此木輝之編著『安樂律院資料集』第一～三（文化書院、二〇〇一、二〇〇三、二〇〇六）、津金寺名目研究会編著『津金寺名目』（津金寺、二〇〇二）、福田晃他編『唱導文学研究』（三弥井書店、一九九六～二〇一九）、宇高良哲・中川仁喜編『南光坊天海発給文書集』（吉川弘文館、二〇一四）、鰐淵寺文書研究会編『出雲鰐淵寺文書』（法藏館、二〇一五）、宇高良哲編『南光坊天海関係文書集』（青史出版、二〇一六）等が出版され、地方史、学術雑誌等にも

諸史料が翻刻されつつある。また、吉水蔵、正教蔵、円融蔵、妙法院、曼殊院、叡山文庫天海蔵・同毘沙門堂蔵等の目録や識語集成等も刊行されている。

仏典の電子データ化も進み、天台宗典編纂所編『天台電子仏典』CD1〜4によって最澄から源信までの日本天台文献、及び証真『三大部私記』や『阿娑縛抄』『門葉記』等のテキストデータが利用可能となった。また、『大正新脩大蔵経』『平安遺文』『鎌倉遺文』『浄土宗全書』等のデータベース化により、検索が容易となった。

日本の天台宗全体にわたる論書としては、佐々木憲徳『日本天台の諸問題』（永田文昌堂、一九八二）、多田孝文監修、塩入法道・池田宗讓編『天台仏教の教え』（大正大学出版会、二〇一二）、木内堯央『日本における天台宗の展開』（宗教工芸社、二〇一二）、大久保良峻編著『天台学探尋　日本の文化・思想の核心を探る』（法蔵館、二〇一四）、木内堯央『天台宗入門　人と教え・儀礼』（宗教工芸社、二〇一六）がある。

ほかに日本仏教全体に言及するものとして、『日本仏教史』古代・中世・近世・近代（吉川弘文館、一九八六、一九九八、一九八七、一九九〇）、末木文美士『日本仏教史　思想史としてのアプローチ』（新潮社、一九九二）、大久保良峻編著『新・八宗綱要　日本仏教諸宗の思想と歴史』（法蔵館、二〇〇一）、末木文美士編『新アジア仏教史』日本I〜V（佼成出版社、二〇一〇〜二〇一一）等に天台宗に言及するところがある。

天台関係の論文を多く含む記念論集としては『多田厚隆先生頌寿記念　天台教学の研究』（山喜房仏書林、一九九〇）、『塩入良道先生追悼論文集　天台思想と東アジア文化の研究』（山喜房仏書林、一九九一）、『大久保良順先生傘寿記念論文集　仏教文化の展開』（山喜房仏書林、一九九四）、『村中祐生先生古稀記念論文集　大乗佛教思想の研究』（山喜房仏書林、二〇〇五）、『多田孝正博士古稀記

念論集　仏教と文化』（山喜房仏書林、二〇〇八）、『多田孝文名誉教授古稀記念論文集　東洋の慈悲と智慧』（山喜房仏書林、二〇一三）、『大久保良峻教授還暦記念論集　天台・真言　諸宗論攷』（山喜房仏書林、二〇一五）、『坂本廣博博士喜寿記念論文集　佛教の心と文化』（山喜房仏書林、二〇一九）等がある。

最澄著作の訳注研究は未だに少ない。仲尾俊博『山家学生式序説』（永田文昌堂、一九八〇）、田村晃祐『日本の仏典1最澄』（筑摩書房、一九八七）、木内堯央訳『大乗仏典　最澄・円仁』（中央公論社、一九九〇）等があげられる。

最澄関係の論集には、福井康順監修『伝教大師研究別巻』（早稲田大学出版部、一九八〇）、塩入良道・木内堯央編『日本名僧論集2最澄』（吉川弘文館、一九八二）、塩入良道・木内堯央編『日本仏教宗史論集3伝教大師と天台宗』（吉川弘文館、一九八五）がある。

最澄の教学と歴史に関しては、田村晃祐編『最澄辞典』（東京堂出版、一九七九）、朝枝善照『平安初期佛教史研究』（永田文昌堂、一九八〇）、薗田香融『平安仏教の研究』（法蔵館、一九八一）、Paul Groner "SAICHŌ: The Establishment of the Japanese Tendai School" University of California at Berkeley, 1984、田村晃祐『最澄』（人物叢書、吉川弘文館、一九八八）、福井康順『日本天台の諸研究』（法蔵館、一九九〇）、渡邊守順『伝教大師著作解説』（叡山学院、一九九二）、佐伯有清『伝教大師伝の研究』（吉川弘文館、一九九二）、佐伯有清『最澄とその門流』（吉川弘文館、一九九三）、佐伯有清『若き日の最澄とその時代』（吉川弘文館、一九九四）、浅井円道『日蓮聖人と天台宗』（山喜房仏書林、一九九九）、竹田暢典先生著作集編集委員会編『竹田暢典先生著作集』一（常不軽会、一九九九）、曾根正人『古代仏教界と王朝社会』（吉川弘文館、二〇〇〇）、木村周照編著『照千一隅論攷　伝教大師最澄の真意を問う』（青史出版、二〇〇二）、大久保良峻編『山家の大師

最澄』（吉川弘文館、二〇〇四）、上原雅文『最澄再考　日本仏教の光源』（ぺりかん社、二〇〇四）、村中祐生『天台法華宗の研究』（山喜房仏書林、二〇〇五）、朝枝善照『日本古代仏教受容の構造研究』（永田文昌堂、二〇〇九）、木内堯央『日本における天台宗の形成』（宗教工芸社、二〇一二）、大久保良峻『最澄の思想と天台密教』（法蔵館、二〇一五）があげられる。

最澄と徳一の論争に関しては、田村晃祐編『徳一論叢』（国書刊行会、一九八六）、高橋富雄『徳一と最澄　もう一つの正統仏教』（中央公論社、一九九〇）、田村晃祐『最澄教学の研究』（春秋社、一九九二）、師茂樹『論理と歴史　東アジア仏教論理学の形成と展開』（ナカニシヤ出版、二〇一五）、楠淳證・舩田淳一編『蔵俊撰『仏性論文集』の研究』（法蔵館、二〇一九）、淺田正博の諸論文等がある。

最澄と空海の関係については、高木訷元『弘法大師の書簡』（法蔵館、一九八一）、仲尾俊博『伝教大師最澄の研究』（永田文昌堂、一九八七）、立川武蔵『最澄と空海　日本仏教思想の誕生』（講談社、一九九八）、佐伯有清『最澄と空海　交友の軌跡』（吉川弘文館、一九九八）、高木訷元『空海と最澄の手紙』（法蔵館、一九九九）、武内孝善『弘法大師空海の研究』（吉川弘文館、二〇〇六）等がある。なお佐伯は『類聚国史』所収の『日本後紀』逸文によって、比叡山の大乗戒授戒制度が最澄の亡くなる前日の六月三日に勅許されていたという説を採るが、近年、張堂興昭が複数の論文でこれを補完している。

なお偽撰書とされる『末法灯明記』については淺田正博『存覚上人書写本末法灯明記講読』（永田文昌堂、一九九九）がある。墨蹟については飯島太千雄編『最澄墨寶大字典』（天台宗書道連盟、二〇一三）がある。

一般書としては、田村晃祐『最澄のことば』（雄山閣、一九八五）、木内堯央『悲願に生きる　最澄』（中央公論新社、二〇〇〇）、天台宗教学振興委員会・多田孝正編『伝教大師の生涯と教え』（大正大学出版会、二〇〇六）、多田孝正・木内堯大『日本人のこころの言葉　最澄』（創元社、二〇一二）がある。

円仁に関しては、佐伯有清『慈覚大師伝の研究』（吉川弘文館、一九八六）、佐伯有清『円仁』（人物叢書、吉川弘文館、一九八九）、齊藤圓眞『渡海天台僧の史的研究』（山喜房仏書林、二〇一〇）、鈴木靖民編『円仁とその時代』（高志書院、二〇〇九）、鈴木靖民編『円仁と石刻の史料学　法王寺釈迦舎利蔵誌』（高志書院、二〇一一）が、初期天台教団に関しては由木義文『東国の仏教　その原型を求めて』（山喜房仏書林、一九八三）、仲尾俊博『日本密教の交流と展開　続日本初期天台の研究』（永田文昌堂、一九九三）が、円載に関しては佐伯有清『悲運の遣唐僧　円載の数奇な生涯』（吉川弘文館、一九九九）がある。

円珍に関しては小野勝年『入唐求法行歴の研究　智證大師円珍篇』上・下（法蔵館、一九八二・一九八三）、『智証大師研究』編集委員会編『智証大師研究』（同朋舎、一九八九）、佐伯有清『智証大師伝の研究』（吉川弘文館、一九八九）、佐伯有清『円珍』（吉川弘文館、一九九〇）、小山田和夫『智証大師円珍の研究』（吉川弘文館、一九九〇）等がある。

安然に関しては叡山学会編『安然和尚の研究』（同朋舎、一九七九）、末木文美士『平安初期仏教思想の研究　安然の思想形成を中心として』（春秋社、一九九五）、末木文美士『大乗仏典 中国・日本篇19　安然・源信』（中央公論社、一九九一）、末木文美士『草木成仏の思想　安然と日本人の自然観』（サンガ、二〇一五）等がある。

良源に関しては叡山学院編『元三慈恵大師の研究　一千年遠忌記念』（同朋舎、一九八四）、石田瑞麿他『浄土仏教の思想六　新羅の浄土教　空也・良源・源信・良忍』（講談社、一九九二）がある。

また元三大師百籤に関して、大野出『元三大師御籤本の研究　おみくじを読み解く』（思文閣出版、二〇〇九）がある。

源信に関しては、坂田良弘『恵心僧都の研究』（山喜房仏書林、一九八二）、大隅和雄・速水侑編『日本名僧論集4　源信』（吉川弘文館、一九八三）、速水侑『源信』（人物叢書、吉川弘文館、一九八八）、大久保良順『一乗要決』（仏典講座、大蔵出版、一九九〇）、西村冏紹・末木文美士『観心略要集の新研究』（百華苑、一九九二）、八木昊恵『恵心教学史の総合的研究』（永田文昌堂、一九九六）、小原仁『源信　往生極楽の教行は濁世末代の目足』（ミネルヴァ書房、二〇〇六）、福原隆善『源信和尚千年』（山喜房仏書林、二〇一八）がある。また、叡山浄土教全般に関しては、石田瑞麿『日本仏教思想研究4　浄土教思想』（法蔵館、一九八六）、佐藤哲英『叡山浄土教の研究』（百華苑、一九七九）、奈良弘元『初期叡山浄土教の研究』（春秋社、二〇〇二）、梯信暁『奈良・平安期浄土教展開論』（法蔵館、二〇〇八）、柳澤正志『日本天台浄土思想の研究』（法蔵館、二〇一八）がある。『往生要集』に関しては福原蓮月『往生要集の研究』（永田文昌堂、一九八五）、往生要集研究会編『往生要集研究』（永田文昌堂、一九八七）、源信著、梯信暁訳註『新訳往生要集　付詳註・索引』上・下（法蔵館、二〇一七）、川崎庸之・秋山虔・土田直鎮訳『往生要集　全現代語訳』（講談社学術文庫、二〇一八）等がある。また、『往生要集絵巻』については西田直樹『『往生要集絵巻』詞章と絵の研究』（和泉書院、二〇〇〇）、六道絵については泉武夫・加須屋誠・山本聡美編著、金井杜道撮影『国宝六道絵』（中央公論美術出版、二〇〇七）、九相図については山本聡美・西山美香編『九相図資料集成　死体の美術と文学』（岩田書院、二〇〇九）、山本聡美『九相図をよむ　朽ちてゆく死体の美術史』（角川選書、二〇一五）がある。

慈円に関しては、多賀宗隼『慈円の研究』（吉川弘文館、一九八〇）、山本一『慈円の和歌と思想』

（和泉書院、一九九九）、大隅和雄訳『愚管抄　全現代語訳』（講談社学術文庫、二〇一二）等がある。

成尋に関しては、齊藤圓眞『天台入唐入宋僧の事跡研究』（山喜房仏書林、二〇〇六）、藤善眞澄『参天台五臺山記の研究』（関西大学東西学術研究所、二〇〇六）、森公章『成尋と参天台五臺山記の研究』（吉川弘文館、二〇一三）があり、齋藤・藤善がそれぞれ『参天台五台山記』の訳注を刊行している。

証真に関しては、大久保良峻『天台教学と本覚思想』（法蔵館、一九九八）、松本知己『院政期天台教学の研究　宝地房証真の思想』（法蔵館、二〇一九）がある。公胤に関しては舘隆志『園城寺公胤の研究』（春秋社、二〇一〇）がある。

天海に関しては、曽根原理『徳川家康神格化への道　中世天台思想の展開』（吉川弘文館、一九九六）、圭室文雄編『日本の名僧15　政界の導者天海・崇伝』（吉川弘文館、二〇〇四）、浦井正明『上野寛永寺将軍家の葬儀』（吉川弘文館、二〇〇七）、曽根原理『神君家康の誕生　東照宮と権現様』（吉川弘文館、二〇〇八）、菅原信海・田邉三郎助編『日光　その歴史と宗教』（春秋社、二〇一一）、宇高良哲『南光坊天海の研究』（青史出版、二〇一二）、菅原信海『神と仏のはざま　家康と天海』（春秋社、二〇一三）等がある。

個別の教学に関して、天台密教（台密）については、木内堯央『天台密教の形成　日本天台思想史研究』（渓水社、一九八四）、三崎良周『台密の研究』（創文社、一九八八）、三崎良周『密教と神祇思想』（創文社、一九九二）、清田寂雲『天台密教入門』（叡山学院、一九九九）、三崎良周『台密の理論と実践』（創文社、一九九四）、宮坂宥勝編『日本密教』四（『密教大系』七、法蔵館、一九九五）、大久保良峻『台密教学の研究』（法蔵館、二〇〇四）、水上文義『台密思想形成の研究』（春秋社、二〇〇八）、定方晟『長楽寺灌頂文書の研究』（春秋社、二〇〇九）、水上文義『日本天台教学論　台密・神

祇・古活字』（春秋社、二〇一七）、大久保良峻『最澄の思想と天台密教』（法蔵館、二〇一五）等をあげておく。

山王神道に関しては、嵯峨井建『日吉大社と山王権現』（人文書院、一九九二）、菅原信海『山王神道の研究』（春秋社、一九九二）、菅原信海編『神仏習合思想の展開』（汲古書院、一九九六）、菅原信海『日本思想と神仏習合』（春秋社、一九九六）、菅原信海『神仏習合思想の研究』（春秋社、二〇〇五）、菅原信海『日本仏教と神祇信仰』（春秋社、二〇〇七）、佐藤真人の関係論文等が参考になる。特殊な信仰事例に関しては、山本ひろ子『異神 中世日本の秘教的世界』（平凡社、一九九八）が、記家に関しては田中貴子『『渓嵐拾葉集』の世界』（名古屋大学出版会、二〇〇三）が参考になる。近代の戸隠関係では、曽根原理『徳川時代の異端的宗教 戸隠山別当乗因の挑戦と挫折』（岩田書院、二〇一七）がある。また神仏分離、廃仏毀釈に関しては安丸良夫『神々の明治維新 神仏分離と廃仏毀釈』（岩波書店、一九七九）、鵜飼秀徳『仏教抹殺　なぜ明治維新は寺院を破壊したのか』（文芸春秋、二〇一八）等があげられる。

円戒に関しては、恵谷隆戒『改訂　円頓戒概論』（大東出版社、一九七八）、小寺文頴、坂本広博・武覚超校訂『天台円戒概説』（叡山学院、一九八七）が、戒家の戒灌頂等については色井秀讓『戒灌頂の入門的研究』（東方出版、一九八九）、寺井良宣『天台円頓戒思想の成立と展開』（法蔵館、二〇一六）、窪田哲正『法華修行論の研究 円戒と観心』（平楽寺書店、二〇一七）等が参考になる。

本覚思想や口伝法門に関しては、田村芳朗『本覚思想論』（春秋社、一九九〇）、浅井円道編『本覚思想の源流と展開』（平楽寺書店、一九九一）、大久保良峻『天台教学と本覚思想』（法蔵館、一九九八）、三崎義泉『止観的美意識の展開　中世芸道と本覚思想との関連』（ぺりかん社、一九九九）、Jacqueline I. Stone "Original Enlightenment and the Transformation of Medieval Japanese

Buddhism", University of Hawaii Press, 1999、末木文美士『鎌倉仏教形成論　思想史の立場から』（法蔵館、一九九八）、末木文美士『鎌倉仏教展開論』（トランスビュー、二〇〇八）、花野充道『天台本覚思想と日蓮教学』（山喜房仏書林、二〇一〇）等が参考になる。

直談、談義所等に関しては廣田哲通『天台談所で法華経を読む』（翰林書房、一九九七）、廣田哲通『中世仏教文学の研究』（和泉書院、二〇〇〇）、廣田哲通『中世法華経注釈書の研究』（笠間書院、一九九三）、田中貴子『室町お坊さん物語』（講談社、一九九九）、尾上寛仲『日本天台史の研究』（山喜房仏書林、二〇一四）、成菩提院史料研究会編『天台談義所　成菩提院の歴史』（法蔵館、二〇一八）、山口興順、渡辺麻里子等の諸論文がある。

文学芸能では、新井栄蔵・後藤昭雄編『叡山をめぐる人びと』（世界思想社、一九九三）、新井栄蔵他編『叡山の和歌と説話』（世界思想社、一九九一）、新井栄蔵他編『叡山の文化』（世界思想社、一九八九）、三角洋一『源氏物語と天台浄土教』（若草書房、一九九六）、渡邊守順『説話文学の叡山仏教』（和泉書院、一九九六）、後藤昭雄『天台仏教と平安朝文人』（吉川弘文館、二〇〇二）、松田宣史『比叡山仏教説話研究　序説』（三弥井書店、二〇〇三）、柴佳世乃『読経道の研究』（風間書房、二〇〇四）、渡邊守順『仏教文学の叡山仏教』（和泉書院、二〇〇五）、松田宣史『天台宗恵檀両流の僧と唱導』（三弥井書店、二〇一五）等がある。

声明に関しては天納傳中『天台聲明概説』（叡山学院、一九八八）、誉田玄昭『伝承と現行の天台声明』（芝金聲堂、一九九一）、天納傳中『天台声明』（法蔵館、二〇〇〇）、大内典『仏教の声の技　悟りの身体性』（法蔵館、二〇一六）がある。

回峰行、比叡山の歴史、制度、行事に関しては、平松澄空『比叡山回峰行の研究』（未央社、一九八二）、渡邊守順他『比叡山』（法蔵館、一九八七）、村山修一『比叡山史　闘いと祈りの聖域』（東京美術、一九九四）、武覚超『比叡山諸堂史の研究』（法蔵館、二〇〇八）、武覚超『比叡山仏教の研究』（法蔵館、二〇〇八）、岡野浩二『平安時代の国家と寺院』（塙書房、二〇〇九）等がある。

顕密体制や寺社勢力に関しては、黒田俊雄『寺社勢力　もう一つの中世社会』（岩波書店、一九八〇）、黒田俊雄『顕密体制論』（黒田俊雄著作集2、法蔵館、一九九四）、黒田俊雄『顕密仏教と寺社勢力』（黒田俊雄著作集3、法蔵館、一九九五）、村山修一『皇族寺院変革史　天台宗妙法院門跡の歴史』（塙書房、二〇〇〇）、下坂守『中世寺院社会の研究』（思文閣出版、二〇〇一）、小此木輝之『中世寺院と関東武士』（青史出版、二〇〇二）、日置英剛編著『僧兵の歴史　法と鎧をまとった荒法師たち』（戎光祥出版、二〇〇三）、河音能平・福田榮次郎編『延暦寺と中世社会』（法蔵館、二〇〇四）、水野章二編『中世村落の景観と環境　山門領近江国木津荘』（思文閣出版、二〇〇四）、河内将芳『中世京都の都市と宗教』（思文閣出版、二〇〇六）、衣川仁『中世寺院勢力論　悪僧と大衆の時代』（吉川弘文館、二〇〇七）、伊藤正敏『寺社勢力の中世　無縁・有縁・移民』（筑摩書房、二〇〇八）、衣川仁『僧兵＝祈りと暴力の力』（講談社、二〇一〇）、伊藤正敏『無縁所の中世』（筑摩書房、二〇一〇）、下坂守『京を支配する山法師たち　中世延暦寺の富と力』（吉川弘文館、二〇一一）、三枝暁子『比叡山と室町幕府　寺社と武家の京都支配』（東京大学出版会、二〇一一）、下坂守『中世寺院社会と民衆　衆徒と馬借・神人・河原者』（思文閣出版、二〇一四）、永村眞編『中世の門跡と公武権力』（戎光祥出版、二〇一七）、成瀬龍夫『比叡山の僧兵たち』（サンライズ出版、二〇一八）等がある。

（大正大学特任准教授）

本書の原本は、一九七八年、教育社より刊行されました。

木内堯央（きうち　ぎょうおう）

1939年，東京生まれ。大正大学大学院博士課程修了。大正大学仏教学部教授，天台宗如意輪寺住職を務め，2002年，没。おもな著書に，『伝教大師の生涯と思想』『天台密教の形成』『日本における天台宗の形成』『日本における天台宗の展開』『悲願に生きる』『天台宗入門―人と教え・儀礼』，共著に『仏教の教えを築いた人々―高僧・名僧列伝』など。

講談社学術文庫

定価はカバーに表示してあります。

最澄《さいちょう》と天台教団《てんだいきょうだん》

木内堯央《きうちぎょうおう》

2020年３月10日　第１刷発行

発行者　渡瀬昌彦
発行所　株式会社講談社
東京都文京区音羽 2-12-21 〒112-8001
電話　編集（03）5395-3512
販売（03）5395-4415
業務（03）5395-3615
装　幀　蟹江征治
印　刷　豊国印刷株式会社
製　本　株式会社国宝社
本文データ制作　講談社デジタル製作

ISBN978-4-06-519000-5

「講談社学術文庫」の刊行に当たって

これは、学術をポケットに入れることをモットーとして生まれた文庫である。学術は少年の心を養い、成年の心を満たす。その学術がポケットにはいる形で、万人のものになることは、生涯教育をうたう現代の理想である。

こうした考え方は、学術を巨大な城のように見る世間の常識に反するかもしれない。また、一部の人たちからは、学術の権威をおとすものと非難されるかもしれない。しかし、それはいずれも学術の新しい在り方を解しないものといわざるをえない。

学術は、まず魔術への挑戦から始まった。やがて、いわゆる常識をつぎつぎに改めていった。学術の権威は、幾百年、幾千年にわたる、苦しい戦いの成果である。こうしてきずきあげられた城が、一見して近づきがたいものにうつるのは、そのためである。しかし、学術の権威を、その形の上だけで判断してはならない。その生成のあとをかえりみれば、その根は常に人々の生活の中にあった。学術が大きな力たりうるのはそのためであって、生活をはなれた学術は、どこにもない。

開かれた社会といわれる現代にとって、これはまったく自明である。生活と学術との間に、もし距離があるとすれば、何をおいてもこれを埋めねばならない。もしこの距離が形の上の迷信からきているとすれば、その迷信をうち破らねばならぬ。

学術文庫は、内外の迷信を打破し、学術のために新しい天地をひらく意図をもって生まれた。文庫という小さい形と、学術という壮大な城とが、完全に両立するためには、なおいくらかの時を必要とするであろう。しかし、学術をポケットにした社会が、人間の生活にとってより豊かな社会であることは、たしかである。そうした社会の実現のために、文庫の世界に新しいジャンルを加えることができれば幸いである。

一九七六年六月　　野間省一